*Guía histórica, mística
y misteriosa de Tierra Santa*

MANUEL FERNÁNDEZ MUÑOZ

Guía histórica, mística y misteriosa de Tierra Santa

Por los caminos del Señor

ℙ

ALMUZARA

© Manuel Fernández Muñoz, 2017
© Editorial Almuzara, s.l., 2017

Primera edición: febrero 2017

Editorial Almuzara • Colección Espiritualidad
Director editorial: Antonio E. Cuesta López
Edición de Ana Cabello Salinas
www.editorialalmuzara.com
pedidos@editorialalmuzara.com - info@editorialalmuzara.com
@AlmuzaraLibros

Imprime: Lince Artes Gráficas
ISBN: 978-84-16776-60-3
Depósito Legal: CO-2396-2016
Hecho e impreso en España - *Made and printed in Spain*

Dedicado a mi buen Dios y a Jesús de Nazaret, cuya vida siempre me ha cautivado. Gracias a mi familia más querida por acompañarme en este viaje que es la vida. Gracias a mi mujer Rafi, por haber recorrido conmigo los senderos de este libro. Gracias a Dios por todo.

No vayas a Jerusalén buscando una religión.
Ve más bien buscando al Señor de las religiones.
LA TABERNA DEL DERVICHE

Índice

Monte Sion, Har Tsiyyon en hebreo, Jabel Sahyoun en árabe. Jerusalén 1900

Un viaje sagrado a una Tierra Sagrada

«Por la fe Abraham, siendo llamado, obedeció para salir al lugar que había de recibir como herencia; y salió sin saber a dónde iba. Por la fe, habitó como extranjero en la Tierra Prometida como si fuera tierra ajena, viviendo en tiendas con Isaac y Jacob, coherederos de la misma promesa; porque esperaba la ciudad cuyo arquitecto y constructor es Dios.»
Hebreos 11, 8-10

Jerusalén huele a incienso, pero también a cera y a alfombras persas de miles de nudos donde los hijos del islam se postran para rezar a un mismo Dios. Jerusalén fue tres veces santa porque Jesús caminó por sus calles; porque aquí, bajo el *Cenáculo*, el rey David descansa hasta el día de la resurrección; y porque desde la roca que hay bajo el Domo, en la *Explanada de las Mezquitas*, el profeta Mahoma hizo su viaje nocturno al *Trono de Dios*.

Pero Jerusalén, como antaño, sigue siendo santa porque en diversos lugares de la ciudad todavía se esconden viejos eruditos que se dedican a pasarse los secretos de la creación al oído, uno por uno, en sus silentes reuniones donde la oscuridad es su fiel aliada. Esos secretos que están ocultos en *el Tanaj* —Antiguo Testamento— pero también en los versos del Corán e incluso en las parábolas de los Evangelios.

Los verdaderos peregrinos que llegan a Jerusalén no quieren conquistar la ciudad sino más bien ser conquistados por ella. Por la magia de sus noches, por el aroma de sus zocos y por el embrujo de sus lugares sagrados. Da igual si se llama a la oración con el repicar de unas campanas, con el sonido del *shofar* o con el canto del muecín, porque fue entre estos olivos donde nació nuestra fe y es bajo este cielo cargado de ilusiones donde se alimenta.

Reyes y emperadores se han sentado en su trono. Profetas y herejes han horadado sus colinas. Soldados romanos, persas, egipcios y babilónicos la destrozaron en innumerables ocasiones, pero Jerusalén siempre ha vuelto a ponerse en pie. La Ciudad de la Paz se yergue hoy en el corazón de Israel como la promesa de lo que algún día podría ser. Como la esperanza inmaculada de un sueño que anhela hacerse realidad. Una ilusión que sus habitantes, y la mayoría de peregrinos que llegan hasta aquí, empero han olvidado.

Lo que para el descreído no son más que un conjunto de páramos secos y tierras áridas sin ningún valor, para los creyentes de las tres religiones abrahámicas es el lugar más preciado del mundo; el país de las siete especias —uvas, trigo, cebada, higos, aceitunas, dátiles y granadas—. El enclave en que la Biblia sitúa el *Templo de Salomón*, donde el hombre podía comunicarse con Dios; la montaña que escuchó las palabras de Jesús, un carpintero de Nazaret que dejó su oficio para convertirse en el Mesías de los pobres y en la nueva luz del mundo; y el río del renacimiento, que aquí llaman Jordán, el cual es capaz de devolverte a la orilla convertido en un hijo de Dios.

Desde los altos del Golán hasta Egipto, cada una de las rocas, árboles e incluso granos de arena de esta pequeña parcela del mundo son sagrados porque pudieron ser testigos de las historias más relevantes de la humanidad. Aquellas que tienen como protagonista a un único Dios y a unos hombres que en tanto parecen querer acercarse como alejarse de Él.

Hasta aquí vinieron unos extraños Magos, los primeros peregrinos, procedentes quizás de Persia, para traer regalos al niño que estaba destinado a cambiar el destino de los hombres. Un niño que venía profetizándose desde las primeras páginas del libro del Génesis, y que, hace poco menos de dos mil años, creció a la vera de estos campos, de estos olivos, de este mar y de este desierto.

En algún lugar debajo de la Explanada de las Mezquitas, o de las inmediaciones de la tumba desconocida de Moisés en los montes Abarim, Jordania, se encuentra escondida el Arca de la Alianza. Una caja de madera y oro que tiene el poder de separar los ríos y de comunicarnos directamente con Hashem, el Dios de la montaña.

En este río bautizaba un tal Juan, el profeta del desierto, cuya cabeza pidió Salomé a Herodes Antipas como premio por un mísero baile.

Desde aquí partió Jacob huyendo de la hambruna para llegar a Egipto, donde a la postre sus hijos serían esclavizados. Y hasta aquí volvieron los descendientes de aquellos israelitas que fueron testigos de la separación de las aguas del Mar Rojo, que más tarde atraparon entre sus abisales profundidades a los ejércitos del faraón.

En el Sinaí, Yahvé se presentó en forma de zarza ardiente ante corazón prendido de un hombre; y desde la cumbre del Horeb hizo descender sus Leyes a una comunidad que, desafortunadamente, miraba hacia otro lado. Esas normas que todavía, más de tres mil años después, siguen guiando la vida de muchos hombres y mujeres de buena voluntad.

Pero si todo esto aún no ha conseguido seducirles, déjenme también hablarles de los días de Herodes el Grande, del Templo de Jerusalén y de la Fortaleza Antonia. Viajen conmigo a Caná de Galilea, a Cafarnaúm y a Nazareth, buscando las huellas de un tal Jesús, al que llaman el Cristo. Y de unos caballeros de origen francés que se encerraron en el palacio del rey Balduino I, donde antiguamente se ubicaban las caballerizas del Templo, para escavar sin descanso hasta que encontraron algo que les hizo enormemente ricos y poderosos. De cómo las guerras fratricidas entre cristianos y musulmanes, que llamamos Cruzadas, terminaron con un apretón de manos entre Federico II y el sultán Al Kamil.

Permítanme que les cuente la historia de una tierra que fue testigo de los prodigios más increíbles de la humanidad, donde la Mirada del Señor todavía está puesta en el Muro Occidental, en la Cúpula de la Roca y en la Vía Dolorosa.

No obstante, antes de continuar, permítanme también prevenirles, porque el lugar donde vamos a entrar, es sagrado. Por tanto, háganse merecedores de dicha condición y respondan, como tantos otros peregrinos con el correr de los siglos, al llamado de Jerusalén, donde podremos escuchar las voces de nuestros hermanos y hermanas, que quedaron atrapadas en el tiempo, rezando en cada capilla, en cada templo, en cada mezquita y en cada sinagoga. Dejemos que Jerusalén nos cambie y busquemos, además de los lugares litúrgicos, los enclaves históricos donde se produjeron los relatos que hemos venido leyendo en la Torah, en los Evangelios y en el Corán.

Guiémonos con el corazón mientras dejamos que la mente se entretenga recitando las jaculatorias propias de nuestra religión. Aquí, bajo estos cielos, en el verdor de los campos de Galilea, entre las pirámides de Egipto, en Kadesh Barnea y en el monte Tabor está la presencia del Señor... Velad, en la siguiente página empieza nuestra peregrinación, hay que estar listos.

San Francisco y la Custodia de Tierra Santa

«Entonces dijo Jesús a sus discípulos: Si alguno quiere venir en pos de mí, niéguese a sí mismo, tome su cruz y sígame.»
Mateo 16, 24

En 1181 nació en Asís Giovanni Bernardone, hijo del rico comerciante de telas Pietro Bernardone y de Donna Pica Bourlemont, de origen francés, quien inculcó a sus hijos el amor por la *Provenza* y sus tradiciones, motivo por el cual al joven Giovanni se le conocería por el sobrenombre de Francesco.

El panorama socioeconómico feudal de Italia estaba dejando paso a una nueva clase social, ajena al clero y a la nobleza, que se vería enriquecida por el comercio. En cuanto a la Iglesia, sumergida de lleno en las cruzadas y en los enfrentamientos con el Sacro Imperio, había olvidado sus votos de pobreza, obediencia y castidad, perpetrando verdaderas barbaridades movida por el ansia de dinero y de poder.

Los sacerdotes, obispos y ministros de la cristiandad eran los familiares más acomodados de la nobleza, e incluso de los burgueses acaudalados, que compraban sus puestos, llegando hasta las más altas esferas, sin un ápice de vocación, lo que derivaría en la degeneración del espíritu evangélico.

En su juventud, Francisco fue formado en la escuela donde hoy se emplaza la basílica de Santa Clara. Conocedor de la lengua francesa y del latín, pronto tuvo que ayudar a su padre en el negocio familiar, no destacando sin embargo entre los jóvenes burgueses de su entorno.

El hijo de Bernardone era divertido, soñador, alegre, algo alocado y con un ávido afán aventurero que le empujaría a demostrar su espíritu caballeresco deseando emular las gestas del *Rey Arturo y los Caballeros del Santo Grial*. No obstante, junto a su gallardía, llevaba por bandera la caridad y la compasión, como relata J. Joergensen en la biografía del santo:

> Cierto día, atareado en la tienda de su padre, casi sin advertirlo, despidió bruscamente y sin socorro a un mendigo que llegó a pedirle limosna. No obstante, tras esto, sintió su corazón como traspasado por un agudo puñal, diciéndose a sí mismo «Si ese hombre hubiese venido a mí de parte de alguno de mis nobles amigos, de un conde o de un barón, yo, sin duda, le habría dado el dinero que me pedía. Pero ha venido en nombre del Rey de los reyes, del Señor de los señores, y yo no sólo le he despedido con las manos vacías, sino que lo he avergonzado». Resolvió, pues, no negar en adelante cosa alguna que se le pidiese por amor de Dios, y salió corriendo detrás del mendigo para darle algunas monedas.

Fruto de los conflictos con la vecina Perugia, cayó prisionero durante al menos un año tras la *batalla del puente de San Giovanni*, en noviembre de 1202. Pero, después de ser puesto en libertad, una cruenta enfermedad lo dejaría en cama durante algún tiempo, temiéndose incluso por su vida. No obstante, al recuperarse se enroló en el ejército papal a las órdenes de Gualterio de Briena.

Francesco iba creciendo en orgullo y ambición, en soberbia y vanidad, pero algo inesperado le sucedería de camino a la guerra…

Saliendo de Asís por *Porta Nuova*, tomó el camino de Apulia, vía *Espoleto*, donde cuenta la leyenda que una estremecedora voz le impidió seguir y tuvo que regresar a Asís para enfrentarse al escarnio y a la vergüenza de ser tenido como un cobarde por sus vecinos. Pero un cobarde no se habría alistado otra vez en el ejército tras haber sido hecho prisionero, ni habría soportado las burlas después… Lo que sucedió en su alma, solo Dios lo sabe, pero lo cierto es que aquella alegría de su juventud dio paso a un recogimiento taciturno y melancólico. Francesco había cambiado, algo le había cambiado.

Tendido estaba en su lecho, medio despierto, medio dormido, cuando de repente oyó una voz que le preguntó hacia dónde se dirigía. «A la Apulia —contestó Francisco— para ser allí armado caballero». «Dime, Francisco —siguió la voz— ¿a quién quieres servir, al Amo o al siervo?». «Al Amo, ciertamente —contestó el joven». «¿Cómo, entonces, vas tú buscando al siervo y dejas al Amo? ¿Cómo abandonas al Príncipe por su vasallo?». Francisco exclamó, como en otro tiempo hizo san Pablo: «Señor, ¿qué quieres que haga?». A lo que la voz contestó: «Vuélvete a tu patria y allá te diré lo que debes hacer…». Calló entonces la voz y Francisco despertó y pasó el resto de la noche revolviéndose en la cama, pugnando en balde por conciliar el sueño. Llegada la mañana, se levantó, ensilló su caballo y, vistiéndose los arreos guerreros, de cuya vanidad acababa de convencerse, emprendió la vuelta a Asís.

San Francisco de Asís. Su vida y su obra.

Francisco había recibido una buena educación y estaba orgulloso de pertenecer a su religión, pero, más allá del conocimiento superficial de la misma, aún se preguntaba quién era Jesús. Pensaba que podría agradarle subiéndose a un caballo, vistiendo una armadura y echándose a las cruzadas para matar a los enemigos de la Iglesia. Nunca le había buscado en el único lugar donde realmente podía encontrarlo. ¡En el evangelio! Tal vez el hijo de Pietro Bernardone, camino de Espoleto, encontrara por primera vez en las palabras del apóstol Mateo a un Jesús lleno de amor que ordenaba perdonar a los enemigos hasta setenta veces siete, servir al necesitado, velar por el enfermo, vender todas las posesiones para ser perfecto y ofrecer la otra mejilla ante cualquier agresión.

Francisco cambió porque encontró a alguien que le hizo cambiar, enamorándose perdidamente de él. Algunos dicen que se casó con la Dama Pobreza, pero yo creo que la Dama Pobreza era su propia alma, y Dios el marido fiel que esperaba pacientemente a la novia el día de la boda mientras ella se preparaba.

Francisco había caído en esa enfermedad del alma que se llama Jesús. Una bendita dolencia que, en lugar de matar, da la vida. Pero seguir a Jesús no era tan fácil como ir a la guerra. La guerra estaba bien vista. Matar al infiel era, según aseguraba un erudito de su tiempo, el camino al Cielo, pero ayudar al mendigo era algo inusual. Se suponía que los enfermos sufrían el castigo de Dios por sus pecados, y tocarlos podía contagiarnos. No obstante, Jesús, cuando tocaba al enfermo y al pecador, no era él quien quedaba manchado, sino ellos los que quedaban limpios. ¿Qué médico puede sanar al enfermo sin tocarlo?

Llamado por el nuevo espíritu que había encontrado, sintió la profunda necesidad de peregrinar a Roma y visitar la tumba de san Pedro y san Pablo, donde esperaba encontrar respuestas y una señal de la Divina Providencia que allanara sus caminos. De esta forma, llegando hasta la tumba de los Apóstoles, cambió sus ropas con las de un mendigo, repartió su bolsa, y quiso sentir en sus carnes la necesidad, el hambre, el frío, y el tener que pedir limosna para sobrevivir, experimentando también el desprecio de la gente.

Lo que antes tanto había temido, ahora abrazaba con ardor en el corazón. A la dama que antes había despreciado, ahora pedía en matrimonio.

Poco a poco, el alma de Francisco fue forjándose en el Señor. Contemplando la soberbia de la curia y sus edificios, no dejaría de repetirse las palabras del evangelio «Bienaventurados los pobres». Ahora comprendía quién era y qué quería el Señor de él.

De vuelta a casa, con el corazón más ligero, en la Porciúncula, encontró a un leproso escondiéndose a la vera del camino y, abandonando por completo cualquier rastro de miedo o autoprotección, se arrodilló ante él y besó sus llagas. El hijo de Bernardone había muerto, el siervo de Cristo, para mayor gloría de Dios, había nacido.

El Dios de Jesús no era el de los nobles y los ricos, que parecen bellos por fuera, pero por dentro están llenos de inmundicia. Como Dios es Eterno, el corazón de Francisco, si quería conocer al Padre Celestial, debía hacerse también eterno. Y desde lo más profundo de su alma surgió el llanto, pero esta vez era un llanto de alegría y de felicidad: *¡Todo lo creado canta alabanzas al Creador! ¡Quiero volver al Ti, oh Altísimo Señor! ¡Quiero ser quien Tú quieres que sea!*.

Pasados mil doscientos años de la resurrección de Jesús, un milagro se produjo en el corazón de un hombre de la región de Umbría. El prodigio de una fe que mueve montañas y es capaz de enamorarse perdidamente de ese buen Dios que Jesús llamaba Padre. Esa fe que, cuando cala el pecho, hace llorar, temblar, arrodillarse y postrarse ante la Inmensidad.

El milagro de Francisco fue que, a diferencia de otros, él tuvo como único fin la imitación de Cristo tal cual se nos describe en los evangelios, sin saltarse una coma o una tilde, destrozando sus rodillas, sobre las que se sostenía en sus largas horas de oración, haciendo también sangrar su frente postrado ante Dios. Esta fe le hizo el más grande entre los seguidores del Nazareno porque supo hacerse el más pequeño.

Francisco, como Jesús, había visto el despotismo de la sociedad con los pobres y enfermos. Los había visto callar ante las injusticias de los ricos, llorar a escondidas, amasar el poco pan que podían cocinar, criar a sus hijos en la miseria, verlos morir por enfermedades causadas por la indigencia, y llevárselos a la cama sin haber probado un bocado en todo el día. Los había visto a solas volver su mirada al cielo y rezar al Dios de los pobres, confesarse con Él, desahogar sus almas. Francisco, como Jesús, ha sentido su dolor y ha padecido por su humillación, avergonzándose de quienes decían ser sus representantes en la tierra, que comían y se cebaban hasta hartarse sin hacer caso a los que lloraban a su alrededor. Verdaderamente, como Cristo, el reino de Francisco no era de este mundo.

Ya en casa, el joven pasaba los días sin apenas probar bocado, mirando por la ventana o recorriendo las calles de Asís con la cabeza gacha buscando la fuerza definitiva que le hiciera volverse enteramente al proyecto que se iba forjando en su alma.

Exento de dar explicaciones a la estrechez mental paterna, el joven fue libre de actuar a su antojo, haciendo partícipe ocasionalmente a su madre de todos sus pensamientos.

Aunque sus amigos le buscaban para invitarle a festines y diversiones, él los rehuía en favor del sabor de la oración en cualquier iglesia cercana, en alguna cueva o bajo algún arbolillo. Descubriendo y forjando una íntima amistad con Dios, iba despreciando los placeres de su anterior vida mundana. Habiendo saboreado el valor de la sencillez, le asqueaba la vanidad del hombre y sus arrogantes intentos de cultivar la belleza externa, olvidando la hermosura del corazón.

Desde los alrededores de la *Rocca Maggiore*, una antigua fortaleza que corona Asís, reflexionó cuántas veces al día se dedicaba el hombre a alimentar su cuerpo, a perfumarlo y engalanarlo, tratando de ignorar que al final será comida de gusanos. Y cuántas veces, en cambio, se dedicaba a alimentar el alma, la cual, llegado el momento, necesitará toda la fuerza de que disponga para remontar el vuelo hasta el Trono del Creador.

En este deambular, Francisco encontró el cobijo deseado en el interior de la pequeña iglesia de San Damián, a escasos dos kilómetros de Asís, cuyo único adorno era el Cristo que, desde antiguo, se ubicaba sobre el altar mayor, y que ahora se había convertido en su confidente.

Así, sentado en algún banquillo, apoyó la cabeza sobre la pared sin dejar de contemplar el crucifijo en serena meditación hasta que, poco a poco, un profundo sentimiento de admiración y gozo fue creciendo por aquel pequeño oratorio, que sin embargo se caía a pedazos.

Y sucedió que, uno de esos días, en perfecta conversación con Jesús, cuenta la leyenda que Francisco oyó de nuevo la voz que le había quebrado la vida en Espoleto, la cual esta vez le ordenó: *«Francisco, ve y repara mi casa, que, como ves, está en ruinas»*.

Ahora podía identificar al dueño de aquella voz. Estaba frente a él ¡Era Jesús! Francisco, llorando de alegría, contestó inmediatamente a la orden con la mayor disposición y, viendo primeramente que aquella capilla amenazaba caerse de un momento a otro, tomó como literal el mandato divino y comenzó allí mismo su labor. No obstante, Jesús no se refería a San Damián, sino a la Iglesia Católica, empezando por sus pilares hasta llegar al tejado que, como dijimos anteriormente, sus dirigentes habían echado por tierra, cambiando a Dios por los placeres del mundo.

Francisco amaba a la Iglesia porque encontró su verdadero espíritu en la humildad del párroco de San Damián y en el sencillo homenaje que éste le venía haciendo diariamente a Dios siguiendo los votos de pobreza y humildad con todo su corazón. Como hijo de la Iglesia, Francisco rechazaba por completo la idea de salirse de ella, como otros movimientos contemporáneos, ya que en su seno estaba el testamento de los apóstoles y la luz de los santos, pero sin embargo se siente movido a demostrar que otra Iglesia es posible. A salirse de su tiempo para vivir en el tiempo de Dios.

Cristo de San Damián

El hijo de Bernardone cree que Dios habita en el corazón de los hombres y, aunque escondido, es posible encontrarlo porque Dios quiere ser encontrado. De esa manera, cierto día, llorando de pasión, caminando de regreso a Asís desde San Damián, se topó con un hombre que, oyéndole, se interesó por su tristeza, a lo que Francisco respondió: «*Lloro la pasión de mi Señor Jesucristo, por quien no debería avergonzarme de ir gimiendo en alta voz por todo el mundo*». Profundamente conmovido, el hombre se puso a llorar también, y ambos estuvieron así largo rato. Esto le dio motivos para pensar que el cambio en los hombres era posible y que, con su propio ejemplo, podía llegar al corazón de muchos, recuperándolos para la verdadera causa de Cristo.

San Francisco de Asís

Así, llegando de nuevo a su casa, cogió algunas prendas del almacén de su padre y las vendió en Foligno, dando todo el dinero al sacerdote de San Damián para que continuara con la reparación que tanta falta le hacía. Pero, cuando su padre se enteró, persiguió a Francisco hasta recuperar el dinero empeñado y lo denunció ante las autoridades locales, a las que el joven ni siquiera se dignó acudir, por lo que fue convocado por el obispo Guido en pública audiencia, donde Francisco, quitándose las ropas que llevaba, ardiendo su alma en el Señor y apenado por la actitud de su padre, las puso ante sus pies diciendo: *«Desde ahora no llamaré más a Pietro Bernardone padre, pues solo uno es mi Padre. Aquel que está en los cielos».*

Acto seguido, el obispo se quitó su manto y lo envolvió con él, abrazándolo tiernamente mientras Don Pietro se marchaba refunfuñando.

Francisco no regresó inmediatamente a San Damián, sino que se aventuró entre la espesura del bosque, donde se recogería en serena contemplación y desde donde ministró su forma de vivir el evangelio. Con el tiempo visitó Tierra Santa, deseando poner paz entre cristianos y musulmanes, algo que a la postre no pudo conseguir. Sin embargo, su presencia sigue viva en estas latitudes, donde se recuerda que el Sultán Al Kamil lo confundiría con un derviche —*místico islámico*— sin encontrar diferencia significativa entre uno y otro.

Cuando Francisco murió, sus seguidores consideraron Tierra Santa como una de las provincias donde poder practicar su ministerio con los pobres, ayudar al necesitado, asistir al peregrino y velar por los santos lugares. De esa manera, en 1333, los reyes de Nápoles Roberto I y Sacha de Mallorca, compraron a los musulmanes el Cenáculo y se lo entregaron a los monjes franciscanos, que desde entonces tendrían presencia en Jerusalén y Tierra Santa velando por seguir el ejemplo de Cristo tal como Francisco lo había concebido, cuidando además porque la preservación del espíritu cristiano en estos lugares nunca se olvide.

Iglesia de la Natividad de Belén a principios de 1900

En el camino hacia Belén me topé con un soldado hebreo que, escopeta en mano, me preguntó amenazante: «¿Quién eres tú? ¿Qué haces por aquí?». Yo le miré a los ojos y le dije: «Soy pintor y ando dibujando sonrisas». Entonces el soldado, tomándome por un pobre loco, relajó su rostro, bajó su arma y sonrió. «¿Ves amigo? Te lo he dicho. Ése es mi oficio…» La Taberna del Derviche

Bethlehem

«Pero tú, Belén Efratá, aunque eres la menor entre las familias de Judá, de ti me ha de salir aquel que ha de dominar en Israel, y cuyos orígenes son antiguos, desde los días de antaño. (…) Él se alzará y pastoreará con el poder de Yahvé, con la majestad del nombre de Yahvé su Dios (...) Él se hará grande hasta los confines de la tierra. Él será la Paz.»

Miqueas 5

A escasos kilómetros de Jerusalén se yergue, desde tiempos antiguos, en el corazón de Judea, la pequeña aldea de Belén, perteneciente hoy a la Autoridad Palestina. Entre sus colinas está sepultada la esposa del patriarca Jacob, Raquel, que murió al dar a luz a su hijo Benjamín, de cuyo sepulcro se apoderó el gobierno de Israel anexionándoselo dentro del muro que levantó para separar ambos estados y cuya visita está prohibida a los no judíos desde el año 2001.

En esta ciudad también se ubica el Campo de Ruth, una mujer moabita que emigró de su tierra junto con su suegra Noemí, viuda también, y que se puso a trabajar en los terrenos de Booz, con quien más tarde se casaría y tendría un hijo, Obed.

El *libro de Ruth*, que pertenece al Antiguo Testamento, es un canto a la esperanza y a la virtud, con claves de un mesianismo universal que se yuxtapone con la ortodoxia hebrea de la época.

Del matrimonio de Obed nació Jesé, de cuyo árbol desciende David, el monarca que unificó a las doce tribus de la casa de Israel otorgando por primera vez al pueblo judío su identidad como nación.

Poeta y músico, David compuso la mayor parte del libro de *Salmos* mientras le era revelado por un ángel el lugar donde debía construirse el primer *Templo a Yahvé*, en el Monte Moriah, donde tendría que colocarse el *Arca de la Alianza*, tarea que llevó a cabo su hijo Salomón.

Para el judaísmo, cristianismo e islam, el rey David es una de las figuras más destacadas entre las historias de la *Antigua Alianza*, combinando a veces su carácter devoto, que le hacía levantarse del lecho a media noche para rezar la que después fue conocida con el nombre de *La Oración de David*, como por su habilidad guerrera, venciendo al gigante Goliat con una piedra de honda.

Dada la pasión de David por su Señor, actualmente se le considera el rey de Israel por excelencia, siempre fiel, de cuya casa nacería el Mesías.

Aunque al principio no contó con el apoyo de los seguidores de Saúl y de las tribus del norte, pronto se ganó su confianza centralizando su mandato desde una ciudad neutral, justo en medio de la ruta de las caravanas a Siria, Egipto y Asia, llamada Jebús, anteriormente baluarte de los Jebuseos y que durante su gobierno pasó a llamarse Jerusalén, Ciudad de Paz.

Casi dos siglos más tarde, Belén, *la Casa del Pan*, sería designada por el profeta Miqueas como el lugar del nacimiento del Mesías, heredero de la casa de David.

Miqueas fue el profeta de los pobres, posiblemente muy parecido a Juan el Bautista en carácter y semblante, pues aseguraba que pecaba de herejía todo aquel que explotaba a su prójimo y todos los que se habían dejado seducir por el mundo material y los lujos.

Durante el reinado de Herodes el Grande, que gobernó bajo mandato romano tras la conquista de Pompeyo, unos magos —término que utilizan los evangelios para designar a los seguidores de la religión de Aura Mazda, originarios de Persia, y versados en el estudio de la astrología y los sueños— se presentaron en Jerusalén preguntando dónde debía nacer el Rey de los Judíos, lo que de alguna forma llegó a oídos de Herodes, que no tardó en interesarse por ellos.

Entonces Herodes llamó aparte a los magos y por sus datos precisó el tiempo de la aparición de la estrella. Después, enviándolos a Belén, les dijo: «Id e indagad cuidadosamente sobre ese niño; y cuando le encontréis, comunicádmelo, para ir también yo a adorarle». Ellos, después de oír al rey, se pusieron en camino, y he aquí que la estrella que habían visto en el Oriente iba delante de ellos, hasta que llegó y se detuvo encima del lugar donde estaba el niño.

Mateo 2, 7-9

En aquella época el planeta Júpiter, alineado con la Luna al Este de Aries, pudo haber marcado claramente el lugar del nacimiento de Jesús. Aries, según las crónicas persas, era la representación del antiguo reino de Judea y de los judíos. Por tanto, cuando los magos, estudiosos del cielo, vieron aquella conjunción bajo el signo de Aries, no tardaron en viajar a Israel para buscar el lugar de nacimiento del Mesías anunciado por «la estrella».

Debido al censo promulgado por Quirino, gobernador de Siria, la mayor parte de la nación se vio obligada a dejar sus tareas para trasladarse a su ciudad de origen, ya que una familia judía de la época no consideraba su localidad el lugar donde residía, sino de donde provenía su familia. Gracias a esto y a los trabajadores asalariados que ejercerían su oficio en la reconstrucción del Templo y que debido a los altos precios de las posadas de la Ciudad Santa preferirían andar unos pocos kilómetros para alojarse aquí, Belén debió ser un hervidero de gente.

Además, el censo pudo haber coincidido también con las fiestas de *Sucot*—septiembre u octubre—, por lo que la Sagrada Familia habría podido bajar con una caravana de peregrinos desde Nazaret para hacerse acompañar hasta Jerusalén. El saludo *«Gloria a Dios en el Cielo»* que pronuncian los ángeles a los pastores, es muy similar a las oraciones que se debían cantar en aquellos días —*Halel*—sin contar con que la palabra *Suca*, en hebreo, significa establo o cabaña.

Por otra parte, dada la pureza ritual que el judaísmo propugna, si una mujer daba a luz en una casa, el edificio y todo lo que en él hubiera quedarían impuros, lo que también debió ser un inconveniente para que encontraran alojamiento en Belén. Sin embargo, una cueva estaría exenta de estas limitaciones.

> Subió también José desde Galilea, de la ciudad de Nazaret, a Judea, a la ciudad de David, que se llama Belén, por ser él de la casa y familia de David, para empadronarse con María, su esposa, que estaba encinta. Y sucedió que, mientras ellos estaban allí, se le cumplieron los días del alumbramiento, y dio a luz a su hijo primogénito, lo envolvió en pañales y lo acostó en un pesebre, porque no tenían sitio en el alojamiento.
>
> Lucas 2, 4-7

Contrariamente a la tradición popular, los magos no llegaron a Belén al nacer el niño, pues, como veremos más adelante, la Sagrada Familia ya no estaba en un establo/cueva, sino en una casa.

> Entraron en la casa; vieron al niño con María su madre y, postrándose, le adoraron; abrieron luego sus cofres y le ofrecieron dones de oro, incienso y mirra.
>
> Mateo 2, 11

Pero los que sí estuvieron aquella noche en el «Portal de Belén» fueron unos pobres pastores de ovejas que pasaban la madrugada al raso, cuidando de su ganado. Y precisamente huellas de los vestigios de estos hombres fueron encontradas en lo que hoy se conoce como el *Campo de los Pastores*, en Beith Sahour, una colina a las afueras de Belén donde las excavaciones de los padres franciscanos dejaron al descubierto al menos una *Mikvé* —piscina ritual de purificación judía— junto a utensilios propios de este oficio en las cuevas de los alrededores datados del siglo I.

> Había en la misma comarca unos pastores, que dormían al raso y vigilaban por turno durante la noche su rebaño. Se les presentó el Ángel del Señor, y la gloria del Señor los envolvió en su luz; y se llenaron de temor. El ángel les dijo: «No temáis, pues os anuncio una gran alegría, que lo será para todo el pueblo. Os ha nacido hoy, en la ciudad de David, un salvador, que es el Cristo Señor; y esto os servirá de señal: encontraréis un niño envuelto en pañales y acostado en un pesebre».
>
> Lucas 2, 8-12

En el siglo IV d. C. Elena Augusta, madre del emperador Constantino, llegó a Tierra Santa con el propósito de encontrar los lugares donde había estado Jesús. Sin embargo, santa Elena no era arqueóloga, y la mayor parte del tiempo lo dedicó a otorgar a los lugares de culto paganos un nuevo carácter cristiano. Así, la gruta que actualmente conocemos como de la Natividad, habría sido anteriormente un templo dedicado al dios Adonis, muy cerca de donde san Jerónimo, años más tarde, traduciría la Biblia del griego al latín. Por tanto, no podemos asegurar que la cueva bajo esta iglesia, con un ambiente tan místico que invita al recogimiento —siempre que los turistas lo permitan— sea en realidad el lugar de nacimiento de Jesús, pues también podría serlo cualquiera de las que podemos visitar en el Campo de los Pastores. Pero lo que sí nos atrevemos a proponer es que Beith Sahour sea el lugar donde debió aparecerse el ángel anunciando el advenimiento del Mesías. Un lugar que conserva la memoria de aquellos pastores, ya que su nombre significa «Colina de las Hogueras» en recuerdo de los fuegos que los hombres solían encenderse aquí para calentarse del frío de la noche.

> Y sucedió que los ángeles, dejándoles, se fueron al cielo, y los pastores se decían unos a otros: «Vayamos, pues, hasta Belén, y veamos lo que ha sucedido y que el Señor nos ha manifestado». Y

fueron a toda prisa, y encontraron a María, a José, y al niño acostado en el pesebre. Al verlo, dieron a conocer lo que les habían dicho los ángeles acerca de aquel niño; y todos los que lo oyeron se maravillaban de lo que los pastores decían. María, por su parte, guardaba todas estas cosas y las meditaba en su corazón. Entonces los pastores se volvieron glorificando y alabando a Dios por todo lo que habían oído y visto, conforme a lo que se les había dicho.

Lucas 2, 15-20.

Después de esto, cuando los magos se dispusieron a marchar, fueron avisados en sueños para que no volvieran a Jerusalén, por lo que regresaron a Persia por otro camino. No obstante, Herodes, al percatarse de que habían huido, mandó asesinar a todos los niños menores de dos años de la ciudad de David, e hizo perseguir también a los Magos, pues no podía permitir que nadie más supiera que el Mesías había nacido.

Gruta convertida en capilla en el Campo de los Pastores

Sus restos mortales fueron comprados por la madre de Constantino hacia el año 330 d. C. y descansan actualmente en un sepulcro en la catedral de Colonia, Alemania.

La cueva bajo la Iglesia de la Natividad se divide en varias capillas, siendo la más importante la que alberga el supuesto pesebre donde nació Jesús, señalado por una estrella de plata en el piso donde se puede meter la mano para tocar la piedra original, y donde una frase asegura que:

Aquí nació Jesús de la Virgen María

Como curiosidad, en la iglesia de Santa Catalina se custodia una imagen del niño Jesús que se traslada al lugar del pesebre el día de Navidad.

Justo frente a ésta, otra pequeña hendidura en la roca hace las veces de oratorio, llamada *la Capilla de la Adoración de los Magos,* donde se puede comulgar y escuchar misa en todas las lenguas, dependiendo de la hora en que vayamos.

Figura del niño Jesús que se traslada a la Gruta de la Natividad

Interior de la iglesia copta de San Sergio, El Cairo

Iglesia de San Sergio, El Cairo

«Después que ellos se retiraron, el Ángel del Señor se apareció en sueños a José y le dijo: "Levántate, toma contigo al niño y a su madre y huye a Egipto, y estate allí hasta que yo te diga. Porque Herodes va a buscar al niño para matarle". Entonces él se levantó, tomó de noche al niño y a su madre, y se retiró a Egipto, y estuvo allí hasta la muerte de Herodes, para que se cumpliera el oráculo del Señor por medio del profeta: "De Egipto llamé a mi hijo".»

Mateo 2, 13-15

Permítanme, al menos durante este capítulo, renunciar al rigor histórico para dejarme llevar por la magia de los sentimientos. Y es que nada ni nadie nos puede asegurar que José y María llegaran hasta la ciudad egipcia de Heliópolis —donde después P.D. Ouspensky, quizás influenciado por Gurdjieff, enviara a Jesús para ser iniciado en los misterios sagrados de la religión de Osiris—. Ni tenemos evidencia alguna de que la actual iglesia de San Sergio, en el barrio copto, fuera el lugar escogido por la Sagrada Familia para esperar la muerte de Herodes y poder regresar por fin a casa, acto que celebra el patriarcado de Alejandría cada primero de junio.

La ermita, erigida sobre una cueva, es una de las más antiguas de la ciudad vieja, remontándose hasta el siglo V, la cual conmemora también la muerte de los mártires cristianos, san Sergio y san Baco, dos soldados romanos que murieron a manos del emperador Maximiliano.

Y digo que tengo que dejarme llevar por los sentimientos, porque por alguna extraña razón, cuanto más te acercas al lugar donde se encuentra la cueva, tanto más vas notando que algo te va pasando en el corazón... Que la energía que se puede sentir aquí es mucho más intensa que en cualquier otra parte de la ciudad, exceptuando quizás la Cámara del Rey de la Gran Pirámide.

La arquitectura copta, como el elenco de la mayoría de sus creencias y ritos, es una amalgama del legado de diferentes culturas, pero sobre todo de la egipcia faraónica, lo que puede apreciarse claramente en la construcción de sus iglesias, semejantes al templo nubio de Abu Simbel, con un nártex que conduce hasta el santuario interior, donde se levanta un iconostasio con tres puertas: la del sacerdote, la puerta septentrional y la diaconal.

No obstante, en el 451 d. C., tras la ruptura del patriarcado con el resto de la cristiandad, los coptos fueron perseguidos por los gobernantes bizantinos hasta que la conquista del Islam les dio un respiro. (Recordemos que la iglesia alejandrina está cimentada en la misión apostólica de san Marcos, cuyos restos fueron trasladados a Venecia en el año 828, no en las prédicas de san Pedro y san Pablo en Roma).

Pese a esto, como todavía sucede, fueron tratados como ciudadanos de segunda, lo que hizo que la iglesia copta pasara de ser una comunidad floreciente, donde los Padres del Desierto destacaron en la búsqueda de lugares de poder para su posterior reclusión e introspección, a una minúscula congregación que sueña con mantener el esplendor de tiempos pasados.

Por tanto, sabiendo que los antiguos coptos, como posteriormente harían los caballeros Templarios por toda Europa, influenciados por el gnosticismo del que bebieron, se dedicaron con ahínco a buscar enclaves sagrados, no podemos negar, y menos aún después de lo que hemos sentido, que la iglesia de San Sergio no sea uno de esos lugares.

Pero remontémonos a los evangelios apócrifos y a la tradición para saber más acerca de los sitios por donde pasó la Sagrada Familia en Egipto.

Hacia el siglo IV, Teófilo, papa de la Iglesia egipcia, aseguró que la mismísima virgen María le había revelado en sueños su travesía por el país de los Faraones, la cual fue de Belén a Gaza, de Gaza al Sinaí, del Sinaí al Delta del Nilo, donde tuvieron que cruzar el río para llegar a Heliópolis, lugar en el que por fin se asentaron después de haber recorrido Egipto de norte a sur. Según la visión del papa Teófilo, la Sagrada familia habría recorrido completamente el país en cuatro años. ¡Cerca de cuatrocientos kilómetros! Algo totalmente descabellado.

Empero lo más curioso es que en la mayoría de estos enclaves, donde todavía se conserva algún edificio que conmemora el paso de Jesús, José y María, se guarda también el recuerdo de numerosos hechos mágicos anteriores al siglo I d. C., y donde se puede percibir, como en la iglesia de San Sergio, una energía muy especial. Por tanto, me atrevo a preguntarme si la travesía de la Sagrada Familia no fue la excusa que utilizaron los sacerdotes coptos para enlazar todos los antiguos lugares de poder egipcios —como Amarna, la ciudad de Akhenatón, y otras tantas cuevas y colinas donde todavía suceden extraños milagros— con el canon cristiano para preservar su legado.

Por el Evangelio Árabe de la Infancia, el Evangelio Armenio, la Historia de José el Carpintero, el Evangelio del Pseudo Tomás y algunos otros, conocemos las piadosas historias que vinieron contándose durante los primeros siglos para completar los treinta años que los evangelios canónicos dejaron en blanco en la vida de Jesús. Según el Evangelio del Pseudo Tomás, del que posiblemente se inspirara Mahoma para relatar los versículos que hablan de la infancia de Jesús en el Corán, al tercer día de salir de Belén, la virgen María se sintió muy fatigada y se recostó bajo la sombra de una palmera, la cual el niño dobló milagrosamente para que su madre pudiera coger algunos dátiles.

A 320 kilómetros al sur de El Cairo, en *Dayr Abu Hinnis*, antigua Antinoópolis, se ubica hoy otro de los lugares de peregrinación más importantes del cristianismo egipcio, donde antiguamente se levantaba un templo a Ramsés II, el faraón del Éxodo, y donde Adriano, Trajano y Diocleciano, pusieron su residencia eventual.

Palladius de Galatia, que vivió en Antinoópolis hacia el siglo IV, ya describió en su *Historia Lausiaca* la presencia de una importante comunidad cristiana en este lugar, que más tarde llegaría a tener más de mil monjes.

Además, muchos historiadores religiosos, con el correr de los años, creyeron a pies juntillas las revelaciones del papa Teófilo, e incluso las visiones de sor María Jesús de Ágreda —monja española famosa por sus bilocaciones— los cuales aseguraron que, cuando la Sagrada Familia llegó a Egipto, los ídolos de los templos por donde pasaron, especialmente en Heliópolis, se vinieron abajo.

Nazareth y Caná

«*Muerto Herodes, el Ángel del Señor se apareció en sueños a José en Egipto y le dijo: "Levántate, toma contigo
al niño y a su madre, y ponte en camino de la tierra de
Israel, pues ya han muerto los que buscaban matar al
niño". Entonces él se levantó, tomó consigo al niño y a su
madre, y entró en la tierra de Israel.*»

Mateo 2, 19-21

Si Jesús, José y María se establecieron en Heliópolis, o incluso
en Alejandría, la noticia de la muerte de Herodes el Grande
habría llegado rápidamente a sus oídos. Y viendo que el niño
ya no corría peligro, habrían puesto rumbo a Galilea quizás
por el Mediterráneo hasta Jope o Cesárea para bajar después
a Nazaret.

Subir a pie por la península del Sinaí cruzando Judea y
Samaria habría sido un riesgo innecesario. Recordemos que
Arquelao, a quien César Augusto, prestando oídos a las protes-
tas del pueblo, depondría enseguida por la matanza de más de
tres mil fariseos, gobernaba en Jerusalén.

Puede que incluso el mismísimo Jesús tomara como referencia este hecho para componer una de sus parábolas.

Un hombre de la nobleza se fue a un país lejano para ser coro-
nado rey y luego regresar. Llamó a diez de sus siervos y entregó
a cada cual una buena cantidad de dinero y les dijo: «Hagan
negocio con este dinero hasta que yo vuelva». Pero sus súbditos

lo odiaban y mandaron tras él una delegación a decir: «No queremos a éste por rey».

Nazara es tan pequeña que no aparece en los registros del Talmud ni en la lista de cuarenta y cinco ciudades que nombra Flavio Josefo, lo que no significa que no existiera. Excavaciones arqueológicas llevadas a cabo por los padres franciscanos han sacado a la luz una antigua sinagoga bajo la basílica de la Anunciación y un *mikvé* del siglo I —piscina de rituales de purificación— bajo la iglesia de San José, tan solo unos metros más arriba; además de restos de lámparas de aceite, vasijas y utensilios de cocina del mismo período.

Actualmente Nazaret es una ciudad palestina de mayoría musulmana que atrae a miles de turistas cada año para visitar sobre todo las dos iglesias antes mencionadas, la de la Anunciación y la de San José, ambas construidas encima de los sedimentos de lo que pudieron ser otras edificaciones de la época de Jesús.

Bajo el dominio bizantino, Nazaret cobró renombre y fue un foco de interés para toda la cristiandad, que venía en peregrinación desde cualquier rincón de Europa. No obstante, con la conquista musulmana, Naszrat se hizo demasiado peligrosa para los cristianos, hasta que en el siglo XVIII volvió a recuperar su seguridad gracias a la labor y paciencia de la congregación de Asís.

Hoy día el turismo es uno de los grandes motores de la ciudad, lo que no es óbice para que la plaza que antecede a la basílica de la Anunciación esté repleta de carteles con extractos del Corán llamando a la conversión de los cristianos. Algo que, si sucediera, dejaría sin trabajo a los mismos que se enorgullecen de colgar aquí sus pancartas.

El nombre de Nazaret puede venir de la derivación de la palabra hebrea Nazir, o Nazareo, que significa, separado o escogido para Dios o por Dios, lo que nos sugiere que, tal vez, originalmente, Nazaret fuera el asentamiento de alguna comunidad de judíos ortodoxos que seguían estrictamente las reglas del Nazireato. —*Números 6*— ¿Qué mejor lugar para que creciera el futuro rey de Israel, rodeado de gentes piadosas y conocedoras de los puntos y comas de las Escrituras?

La presencia en las inmediaciones de la ciudad de numerosos utensilios rituales para la purificación hebrea otorgan peso a esta hipótesis.

Restos de una casa del siglo I bajo la Basílica de la Anunciación

Sabemos por los evangelios que Santiago el Justo, obispo de la Iglesia primitiva de Jerusalén y hermano del Señor, fue conocido por su celo en seguir las normas del Nazireato, y que Pablo también tomó los votos durante algunos periodos de tiempo, ofreciendo después el cordero de dispensa para regresar a la vida normal.

El primer Nazir del que tenemos noticias fue *Sansón*, quien como Jesús, fue consagrado a Dios desde el vientre de su madre.

Dado que los antiguos israelitas se habían alejado de la Ley Mosaica para acercarse a *Baal* y a otros ídolos, Yahvé los castigaría dejándolos en manos de los filisteos. No obstante, trascurridos cuarenta años, les anunció la llegada de un salvador a través de un ángel que se apareció a Manoa y a su mujer, profetizándoles el nacimiento de Sansón e indicándoles además que la madre, estéril hasta ese momento, tendría que guardar las normas del Nazireato, igual que su hijo, lo que incluía no poder cortarse el pelo —sabemos por la Sábana Santa que Jesús tenía el pelo largo—. Tampoco podían tocar a los muertos, ni beber vino, alcohol, e incluso ni siquiera vinagre. Recordemos también que a Jesús le ofrecieron vino antes de su martirio (Marcos 15, 23) y vinagre estando en la cruz, (Mateo 27, 48) pero él los rechazó. Y que en la Última Cena aseguró que ya no volvería a beber más del fruto de la vid hasta no estar en el Reino de su Padre (Marcos 14, 25) por lo que seguramente estaría tomando de nuevo los votos del Nazireato antes de ser apresado.

En la actual basílica de la Anunciación, subiendo la colina, se encuentra la gruta donde se supone que vivió la virgen María y donde también el Ángel se le aparecería para traerle la Buena Nueva.

A escasos cien metros se encuentra mi lugar preferido, la íntima iglesia de San José, donde se supone que el padre de Jesús tuvo su taller, pero que en realidad, como ya hemos dicho, guarda los vestigios de una piscina de siete escalones escavados en la roca, donde los judíos se sumergían para purificarse, y donde podemos imaginar fácilmente a un joven niño Jesús bajando por ellos, tímidamente, temiendo lo fría que estaba el agua, y saliendo después a toda prisa hasta los brazos de su madre, que estaría esperándolo para secarle.

Sin ninguna duda Jesús debió utilizar esta Mikvé en numerosas ocasiones, subiendo después hasta la sinagoga, que se ubica en la actual iglesia maronita de Mensa Christi, casi en la cima del monte, desde donde sus vecinos intentaron empujarle. Aunque al otro lado de la ciudad, en el monte que se levanta en la colina de enfrente, una pequeña capilla medieval pretende ser también el lugar donde se produjeron estos hechos.

Vino Jesús a Nazaret, donde se había criado, y en el día de reposo entró en la sinagoga, conforme a su costumbre, y se levantó a leer. Entonces se le dio el libro del profeta Isaías, y habiendo abierto el libro, halló el lugar donde estaba escrito: «El Espíritu del Señor está sobre mí, por cuanto me ha ungido para dar buenas nuevas a los pobres. Me ha enviado a sanar a los quebrantados de corazón. A pregonar libertad a los cautivos y la vista a los ciegos. A poner en libertad a los oprimidos. A predicar el año agradable del Señor». Y enrollando el libro, lo dio al ministro, y se sentó, y los ojos de todos en la sinagoga estaban fijos en él. Entones comenzó a decirles: «Hoy se ha cumplido esta Escritura delante de vosotros». Y todos daban buen testimonio de él, y estaban maravillados de las palabras de gracia que salían de su boca, y decían: «¿No es éste el hijo de José?». Él les dijo: «Sin duda me diréis este refrán: Médico, cúrate a ti mismo. De tantas cosas que hemos oído que se han hecho en Cafarnaúm, haz también aquí en tu tierra». Y añadió: «De cierto os digo, que ningún profeta es aceptado en su propia tierra (…)». Al oír estas cosas, todos en la sinagoga se llenaron de ira, y levantándose, le echaron fuera de la ciudad, y lo llevaron hasta la cumbre del monte sobre el cual estaba edificada su ciudad para despeñarle, pero Jesús pasó por en medio de ellos y se fue.

Lucas 4, 15, 30.

Basílica de la Anunciación en forma de Faro por-
que de aquí surgió la luz del mundo

El celo de los habitantes de Nazaret pudo causar malestar en sus vecinos de «Villa Abajo», es decir, de Caná de Galilea, donde no obstante Jesús haría el primer milagro a instancias de su madre, convirtiendo el agua en vino. De ahí que Nataniel, posiblemente oriundo de esta ciudad, cuando Felipe le trajo noticias de que Jesús el Nazareno podía ser el Cristo, contestara: «¿De Nazaret puede salir algo bueno? (Juan 1, 46)».

Los hebreos, término que en la Palestina del siglo I se otorgaba exclusivamente a los judíos de galilea, estaban más abiertos a las nuevas ideas que traían las rutas de las caravanas procedentes de Anatolia, Europa y Asia, además de tener que convivir con las ciudades romanas de Séforis, Tiberiades o Cesárea, por lo que eran considerados medio paganos por los habitantes de Judea y especialmente de Jerusalén. Empero esta mezcla de culturas e ideas pudo haber sido el germen perfecto por el que un niño nacido en Belén y criado bajo la estricta doctrina ortodoxa de Nazaret comenzara a tener sus propias opiniones acerca de la religión y de quién era ese extraño Dios que algunos ni siquiera se atrevían a nombrar, pero que él comenzaría a llamar Padre.

A apenas unos kilómetros de Caná y de Nazaret podremos ver la impresionante silueta del *Monte Tabor*, donde Jesús mudaría su semblante delante de Pedro, Santiago y Juan, resplandeciendo como el sol, mostrando así la gloria divina que llevaba dentro.

Silueta del Monte Tabor

Esta colina, desde tiempos remotos, era considerada también como lugar sagrado por las tribus nómadas que pasaban por aquí, encontrándose en su cima restos de antiguos templos paganos que se remontan incluso hasta la Edad de Piedra. Y no es de extrañar, pues realmente el lugar tiene un magnetismo especial, quizás propio de los lugares de poder, acrecentado por la paz y serenidad de los edificios que están a salvo de las rutas turísticas.

La iglesia franciscana, construida por el arquitecto italiano Barluzzi, procuró ser fiel al espíritu de recogimiento y misticismo del monte, intentando representar la naturaleza divina y humana de Jesús, y procurando además otorgarle una acústica especial capaz de hacer vibrar las oraciones por toda la estancia.

Por último, a 3 o 4 kilómetros al noroeste de Nazaret, se encuentran las ruinas de la antigua ciudad de Séforis, incendiada por el general Varo y reconstruida por Herodes Antipas, por lo que muchos historiadores piensan que éste pudo ser el lugar ideal para que un *tekton* —carpintero, ebanista o constructor— encontrara trabajo fácilmente.

Antes de su fallecimiento, san José, como era habitual, habría enseñado a Jesús el dominio de su oficio, algo que podemos intuir en la elaboración de sus parábolas, como que el hacha está puesta en la raíz del árbol, Mateo 3, 10. O dónde se debe construir una casa, Lucas 6, 48. Pero el Galileo también es sorprendentemente letrado en otros oficios, como pastor o ganadero —parábola de la oveja perdida, Lucas 15—; como pescador —diciéndole a Pedro dónde debía echar las redes, Lucas 5—; como viticultor —conociendo que no hay que echar vino nuevo en odres viejos, Mateo 9, 17—; o como agricultor —sabiendo que el grano de mostaza, que es la semilla más pequeña, sin embargo se convierte en un gran árbol, Mateo 13, 45.

Posiblemente Jesús se levantaba antes del alba para realizar sus abluciones rituales y orar al Dios de sus mayores. Después desayunaría aceitunas, pan con miel, algunos dátiles y quizás un poco de leche. Caminaría los escasos kilómetros que le separaban de Séforis para comenzar su jornada laboral con las primeras luces del amanecer y durante el camino vería a los pobres vagar por los campos buscando espigas, cazando pajarillos y ofreciéndose como jornaleros por alguna mísera moneda.

Cuando regresaba de nuevo al hogar, con el sol cayendo, estaría exhausto, pero sin embargo volvería a realizar sus abluciones y dedicaría parte del tiempo de descanso a estar a solas con su alma buscando a Dios en su alcoba, Mateo 6, 6.

Por ese trajín, Jesús comprendió qué era realmente el descanso del *Sabbat* y las leyes fueron cobrando sentido en su interior. De alguna manera sintió que su objetivo era dar aliento y libertad a los pobres y a los necesitados. El judaísmo, en sus manos, comenzó a trascender las formas, dándole un sentido que iba más allá de la letra muerta, adaptándolo a sus propias vivencias y expresando así las verdades más sustanciales con un lenguaje que solo los pobres, aquellos que habían sufrido las mismas precariedades que él y su familia, podían comprender. Como la mujer que puso la casa patas arriba hasta encontrar la moneda perdida, Lucas 15, 8. O los que tienen que poner un paño nuevo en un vestido viejo, Mateo 9, 16.

Jesús hace su propia interpretación de las leyes, las cuales adapta a la compasión que lleva dentro. Cuando toca al impuro y al pecador, no es él quien queda manchado, sino el pecador el que queda limpio. El Dios de Jesús no es el de los nobles e inmaculados sacerdotes, que parecen bellos por fuera, pero por dentro están llenos de inmundicia. Mateo 23, 27.

Como ve la mano del Señor en su creación, no se preocupa de citar las palabras de la Torah, de los Profetas ni de otros maestros. En cambio, utiliza un lenguaje inspirado por su propia experiencia para que, quien le oiga, pueda sentir a ese Dios bueno latiendo también dentro de sus corazones. Por esta realización, supo llegar a las gentes con autoridad y no como los escribas, que tan solo repetían palabras que ni siquiera comprendían. Marcos 1, 21-22. Él siente en el alma la llamada de un Dios muy cercano. Un Padre que busca en los caminos acompañar al pobre y al vagabundo, que son sus verdaderos hijos. Cristo ha visto el Rostro de Dios en los necesitados, por eso los busca y les da consuelo.

Bienaventurados los pobres de espíritu, porque de ellos es el Reino de los Cielos. Bienaventurados los mansos, porque ellos poseerán en herencia la tierra. Bienaventurados los que lloran, porque ellos serán consolados. Bienaventurados los que tienen hambre y sed de justicia, porque ellos serán saciados. Bienaventurados los misericordiosos, porque ellos alcanzarán misericordia. Bienaventurados los limpios de corazón, porque ellos verán a Dios. Bienaventurados los que trabajan por la paz, porque ellos serán llamados hijos de Dios. Bienaventurados los perseguidos por causa de la justicia, porque de ellos es el Reino de los Cielos. Bienaventurados seréis cuando os injurien, y os persigan y digan con mentira toda clase de mal contra vosotros por mi causa. Alegraos y regocijaos, porque vuestra recompensa será grande en los cielos; pues de la misma manera persiguieron a los profetas anteriores a vosotros.

Mateo 5, 3-11

Él comprendía bien los problemas de aquellas gentes, pues había vivido entre ellos la mayor parte de su vida; Estaba al tanto de la avaricia de los terratenientes, de los asfixiantes impuestos y de la importancia del núcleo familiar. Por eso podía hablar con el pueblo de los misterios más profundos con ejemplos que conocían muy bien, como de los lirios del campo que tantas veces habría visto, Mateo 6, 25. O de los pajarillos que no aran ni siembran, Mateo 6, 26. Incluso de cuándo va a llover dependiendo del lugar de donde sople el viento, Lucas 12, 55.

Jesús sabe que no se puede servir a dos señores porque tarde o temprano te inclinarás por uno en favor de otro. O estás con Jesús o contra él. No se puede servir a Dios y al César. No puedes sentarte a comer con los que someten al pueblo y después intentar consolar a los que sufren sus injusticias. Santiago 4, 4.

Él va en busca de los que nadie quiere. Un profeta que llama a los que sufren para darles nueva vida, curar sus enfermedades y devolverles al Dios que les han robado. El Padre de Jesús no quiere ser un rey déspota, sino un Amigo, un Salvador, un

Aliento, una Parada en el Camino. Un Dios que, aunque viva en un Templo, se manifiesta también en cada uno de nosotros.

Si se hubiera llegado a los pobres vistiendo ropas caras, con anillos de oro en sus dedos y el cabello perfumado, hablando de los puntos y comas de la Ley con una impenetrable retórica ¿quién le habría escuchado? ¡Israel estaba repleta de gente así! Jesús fue a los más humildes siendo más humilde que ellos.

Sabemos que los que van con él tienen que coger espigas en sábado para echar algo de comer a sus estómagos, Mateo 12. Que no tiene dinero para pagar el tributo del Templo, Mateo 17, 24. Que vaga por los caminos sin llevar zurrón ni sandalias, Lucas 10, 4. Que hasta los animalillos del desierto tienen morada, pero él no tiene siquiera un lugar donde descansar, Mateo 8, 20.

Jesús sabe que los ricos poseen palacios, dinero y comodidades, pero como los pobres no tienen nada, quiere regalarles el tesoro más valioso que guarda en su interior, a ese Dios que es todo Compasión.

Haciéndose el más pequeño, la historia lo recordará como el más grande. Él no habla de Dios, sino más bien de lo que siente cuando Dios le visita. Predica un Reino donde la compasión es la clave de la sociedad, por la cual Yahvé se ha manifestado a su pueblo.

Sabe que cualquier palabra que intente describirlo, no le hará justicia, pero arde en deseos de que todo el mundo pueda sentir ese amor que a él le ha seducido.

En la Galilea rural había campesinos dueños de sus propias tierras, pero la mayoría eran jornaleros que viajaban de aldea en aldea buscando el pan de cada día, eludiendo los asfixiantes impuestos. Muchos habían perdido sus tierras a causa de los enormes gravámenes con que se lucraban las clases dirigentes.

Roma exigía el *Tributum Soli* por las propiedades y el *Tributum Capitis* por cada miembro de la unidad familiar mayor de doce años. A esto debemos añadir la entrega del diezmo al Templo, el pago de los jornales, la necesidad de guardar semillas para la siguiente cosecha, el tributo a Antipas, los inconvenientes climatológicos y el propio sustento. Con este panorama, no era de extrañar que la mayoría perdieran sus posesiones y acabaran convertidos en esclavos, mientras los nobles ejercían de terratenientes para Roma, explotando cada vez más a un pueblo sojuzgado mediante los jefes de los recaudadores y la maquinaria de los publicanos, su mano de obra, en ocasiones siervos de estos últimos.

Siendo Jesús adulto, según Tácito, Judea, exhausta por los impuestos, suplicó expresamente al emperador Tiberio que les concediera un respiro.

Frente a las grandes tierras de labranza asignadas a las clases dirigentes, los pequeños huertos familiares perdieron cada vez más importancia. La diferencia entre los estratos adinerados que habitaban en ciudades como Séforis o Tiberiades no era comparable a la modesta Nazaret o *Migdal* —Magdala— donde las casas de adobe no desentonaban con la tierra de las calles sin pavimentar.

Con este panorama no era de extrañar la esperanza puesta en la llegada de un *Mesías* que liberara al pueblo de la esclavitud. La *Pax Romana* era un yugo para los más humildes, que veían cómo se construían los grandes edificios y ciudades imperiales con el sudor de sus frentes, la sangre de sus hijos y la honra de sus hijas. No obstante, para los sacerdotes y saduceos aliados del imperio, la llegada del Mesías no sería un buen negocio...

Safed, 1900

Safed y la Cábala

«Pues no hay nada encubierto que no haya de ser descubierto, ni oculto que no haya de saberse.»

Mateo 10, 26

Tras el infame destierro de los judíos españoles por parte de los Reyes Católicos en el año 1492, muchos llegaron a Safed, al norte del mar de Galilea, una de las ciudades más místicas y carismáticas de Israel, secreta incluso para sus propios habitantes. Leyendas antiguas aseguran que en este lugar levantaron su *Yeshivá* —escuela de estudios hebreos— los descendientes de Noé, y que incluso Jacob pasó por aquí.

Hasta que el Templo sea reconstruido, muchos piensan que la *Shejiná*, o Presencia de Dios, descansa sobre esta ciudad, por la que también tendrá que pasar el Mesías antes de su llegada a Jerusalén.

Safed, junto con Tiberiades, Hebrón y al Quds son, para el Talmud, las cuatro ciudades más sagradas de Israel, lo que demuestra que, al menos durante la redacción del mismo, ya fue un importante centro religioso.

No obstante, Safed tomaría especial importancia por las enseñanzas de Moisés de León gracias al movimiento místico surgido en España, legado quizás de fuentes más antiguas, llamado *Cábala*, o lo que es lo mismo: la sabiduría que recibió el profeta Moisés directamente de Dios para descifrar los mensajes secretos de la Torah, cuya obra máxima es el *Zohar*, o Libro del Esplendor, en el cual se asegura que, de las abisales profundidades de Dios, surgió un rayo de luz que dio origen a la primera *Sefirot* —o región— llamada la Corona de Dios. A partir de ésta irán descendiendo otras nueve esferas para crear el Árbol de la Vida, o las *Diez Manifestaciones de los Atributos Divinos*.

Esta sabiduría primordial que fue entregada primeramente a Adán, sin embargo, sería olvidada por sus hijos hasta que Hashem volvió a recordárnosla bajándola del Monte Horeb. No obstante, para protegerla de posibles profanaciones, el conocimiento ancestral fue escondido a la vista de todos, siendo perceptible únicamente para los corazones que se habían entregado por completo a Yahvé.

> La Torah sabe que quien tiene un corazón sabio, frecuenta su casa. ¿Y qué hace? Desde dentro del palacio le muestra su rostro y su belleza, pero en seguida vuelve a su alcoba y se esconde. Solo el enamorado la ve, y su corazón, su alma y todo su ser se sienten seducidos por ella. Así pues, la Torah se revela y esconde a la vez, y está ebria de amor por el amado mientras suscita amor dentro de él. Ven y mira, ¡ésta es la senda de la Torah!
>
> Moisés de León

Una antigua leyenda asegura que en el principio de los principios solo estaba el Sí Mismo. Pero de repente el Sí Mismo quiso también ser creación y se convirtió en criatura, y de esa forma nacieron todas las cosas y todos los seres. Una aparente multiplicidad en la cual se esconde el enigma del Creador, de la Creación y del hecho de Crear. El sagrado misterio del Uno que se hizo muchos sin dejar de ser Uno.

Descubriendo este gran secreto, el cabalista intenta recorrer dos caminos, uno hacia afuera, reconociendo la luz de Dios en su creación. Y otro hacia dentro, donde se reconocen en su esencia interna como un reflejo de luz que proviene de la Gran Luz. Empero una luz que no conoce oscuridad ni contiene oscuridad en sí misma.

Prestadme oído, seguidores de lo justo, los que buscáis a Yahvé. Reparad en la peña de donde fuisteis tallados, y en la cavidad de pozo de donde fuisteis excavados.

Isaías 51, 1

Mediante distintas técnicas hermenéuticas, la Cábala ha intentado descifrar esa antigua sabiduría escondida en las palabras del Pentateuco otorgándole un valor numérico a cada letra del alfabeto —Gematría— por lo que las frases siguientes, asimismo, obtendrían también un número determinado, el cual revelaría su significado oculto. De esa manera, si dos palabras aparentemente dispares sin embargo contenían el mismo valor, necesariamente deberían estar relacionadas.

Aplicando esta antigua ciencia al nombre que Jesús le dio a Yahvé, es decir Padre, que en hebreo se escribe *Abba*, veremos que a la letra «A» le corresponde la cifra 1, es decir, la unidad de Dios con todo lo creado o el Sí Mismo de la historia anterior.

La siguiente letra es la «B», cuyo valor numérico es 2, representa el viaje del alma desde la Unicidad hasta la multiplicidad, o lo que es lo mismo, la expulsión de Adán del Jardín del Edén.

Solamente en estas dos letras está contenido el libro del Génesis. No obstante, Jesús incluye dos letras más que simbolizan el viaje de retorno, el de la multiplicidad, B, hasta la unidad, A. Es decir, el regreso al seno de Dios, del Uno… Abba.

Por otra parte, la Cábala ha usado también el *Notaricón*. Método por el cual se deben unir, como un acróstico, las primeras o últimas letras de las palabras de la frase que queremos descifrar; lo que dará lugar a la creación de un nuevo término que sin duda tendrá alguna relación con la frase anterior.

Y la *Temurá*, por la cual las letras también adquieren un valor numérico, pero éstas son permutadas para que formen otra palabra distinta.

El lugar más extraño y emblemático de Safed es sin duda la *Sinagoga Abuhav*, cuyo diseño está basado en la sabiduría de la Cábala.

San Juan el Bautista predicando en el desierto. *Anton Raphael Mengs 1760*

La Betania de Juan el Bautista

«*Conforme está escrito en Isaías el profeta: "Mira, envío mi mensajero delante de ti, el que ha de preparar tu camino. Voz del que clama en el desierto, preparad el camino del Señor, enderezad sus sendas". Apareció entonces Juan bautizando en el desierto, proclamando un bautismo de conversión para perdón de los pecados y acudía a él gente de toda la región de Judea y de Jerusalén, y eran bautizados por él en el río Jordán, confesando sus pecados. Juan llevaba un vestido de pelo de camello y se alimentaba de langostas y miel silvestre, proclamando: "Detrás de mí viene el que es más fuerte que yo, y no soy digno ni de desatarle, inclinándome, la correa de sus sandalias. Yo os he bautizado con agua, pero él os bautizará con Espíritu Santo".*»

Marcos 1, 1-8

Además de ser la aldea de Lázaro, Marta y María y estar situada a escasos kilómetros de Jerusalén, Betania —La Casa de los Pobres— también era el nombre del lugar donde bautizaba Juan, al otro lado del Jordán, mucho más alejado de la capital hebrea.

Como hemos venido adelantando, uno de los rituales hebreos de purificación consistía en sumergirse completamente dentro de un contenedor o piscina de agua natural, no estancada, pero también en lagos, ríos o incluso en el mar.

Aunque actualmente sólo las mujeres continúan realizándolo después de cada ciclo menstrual, en el judaísmo antiguo estaba prescrito también para los hombres, sobre todo antes de entrar al Templo. (Como curiosidad añadir que el Jasidismo, rama mística de la religión Mosaica, todavía conserva esta tradición).

La Betania de Juan estaba muy cerca de Jericó, la primera ciudad conquistada por Josué en su incursión a Tierra Santa, y posiblemente este lugar fuera recordado como el enclave tradicional por donde los combatientes israelitas pasaron también a la zaga de su cabecilla.

Juan era un profeta del desierto, como Elías, pero con sangre levita por parte de Zacarías, su padre. Sin embargo, rehusó vestir el *efod* —peto sacerdotal— al ver la corrupción de los sacerdotes en Jerusalén, casi todos pagados por Roma. De ahí que, movido por el Espíritu, decidiera buscar la intimidad con Dios en la soledad de las dunas, donde sería fácil poder conectar, como antes hiciera Abraham o Moisés, con esa Fuerza arrebatadora que todo lo impregna, pero que sin embargo es incompatible con el dinero.

El silencio del desierto templa el alma para ponerla al servicio del Señor, cuya voz se escucha aquí más y mejor que en ningún otro lugar. Tal vez por eso, cuando Juan bautizó a Jesús, lo envió a enfrentarse con la tentación de las arenas, las cuales, vencidas finalmente, lo declararon Hijo de Dios.

Como todos provenimos de una misma Fuente, es fácil suponer que todos somos hijos de Dios, pero en Jesús además se produjo una adopción. Entre su nacimiento y su madurez hubo periodos de aprendizaje, como con la mujer sirofenicia, Marcos 7, 24. Así, paulatinamente, su naturaleza humana fue mudando la piel para convertirse en otra cosa, tal cual vimos en el Monte Tabor, donde quien se manifestó no fue sólo un hombre, ya que su adopción y filiación le otorgaron el poder para representar efectivamente a su Padre Celestial.

Juan provoca en los sacerdotes y fariseos la misma perplejidad y rechazo que sintieron por Jesús; dos hombres santos que prefirieron llamar a los pobres antes que venir a congraciarse con ellos.

En un cónclave espiritual como antes no se había conocido, Juan congregaba a cientos de personas que buscaban un nuevo comienzo, una nueva vida; de ahí que el lugar idóneo para hacerlo fuera aquél por donde pasaron sus antepasados a la Tierra que manaba leche y miel en un simbólico nuevo principio que purgara sus cuerpos, pero también sus almas. No obstante, el bautismo de Juan nada tendría que ver con el bautismo del cristianismo posterior, ni con el supuesto Pecado Original, sino con el sueño de poder consagrar las almas al Señor para que el Reino de los Cielos se acercara por fin a la tierra.

Además, en la colina anexa, Elías fue arrebatado al cielo, por tanto, en este lugar, Juan, el nuevo Elías, debería preparar los caminos del Señor.

Él se encargaría de lavarlos con agua, pero el fuego purificador vendría con quien, en algún momento de su madurez, bajó hasta las orillas del Jordán para someterse voluntariamente a la ablución que ofrecía el profeta del desierto.

Cerca de aquí se encontraba también la congregación esenia, concretamente en la zona de Qumran, en el Mar Muerto, con quienes Juan posiblemente convivió algún tiempo antes de comenzar su misión apostólica. Según Flavio Josefo —historiador judío romanizado— los esenios se dedicaban fundamentalmente a estudiar los tratados de medicina de la época, poniendo especial interés en las propiedades de las plantas y de los minerales para sanar enfermedades tanto físicas como espirituales, por lo que tal vez Jesús tuviese relaciones afines a tenor de las curaciones milagrosas que después se le atribuyeron y de las muchas coincidencias entre su doctrina y la doctrina esenia.

Contrariamente a lo que aseguran algunos eruditos, los puros —Esenios— no solamente vivieron en comunidades aisladas, también hay vestigios de ellos en Jerusalén, donde recientemente se ha encontrado la Puerta de los Esenios; e incluso en Alejandría, lo que no significa que no formaran sus propios grupos y vivieran ajenos al mundo exterior aun conviviendo en grandes ciudades.

Aunque parece improbable que Jesús y Juan siguieran vinculados a su causa por mucho tiempo, sorprende las semejanzas entre el movimiento esenio y el de los seguidores de Cristo; como por ejemplo que no tomaran juramento y estuvieran obligados a decir siempre la verdad. Algo que también recomendó Jesús a sus discípulos, Mateo 5, 34. O que vivieran con humildad y sencillez como palomas en medio de lobos, Mateo 10, 16. Que mantuvieran un código ético basado en la fraternidad mutua, algo que Jesús redactó a la perfección en Mateo 18, 15:

> Si tu hermano llega a pecar, vete y repréndele, a solas tú con él. Si te escucha, habrás ganado a tu hermano. Si no te escucha, toma todavía contigo uno o dos, para que todo asunto quede zanjado por la palabra de dos o tres testigos. Si les desoye a ellos, díselo a la comunidad. Y si hasta a la comunidad desoye, sea para ti como el gentil y el publicano. Yo os aseguro que todo lo que atéis en la tierra quedará atado en el cielo, y todo lo que desatéis en la tierra quedará desatado en el cielo.

Por otra parte, tanto los insultos y reproches de Jesús y Juan estuvieron dirigidos exclusivamente a fariseos y saduceos, sin mencionar en ningún momento a los esenios, que seguramente también formaron parte de su audiencia.

Los judíos contaban desde la más remota antigüedad con tres escuelas filosóficas: la de los esenios, la de los saduceos y la de los fariseos. Judas de Gamla, por su parte, se instituyó jefe de una cuarta escuela, la de los Zelotes, quienes estaban de acuerdo con los fariseos en todas las cuestiones, excepto en que no aceptaban otro soberano más que a Dios mismo, y tenían por cosa de poca estima sufrir distintas clases de muerte por oponerse a dar a los hombres el título de soberano.

Por su parte, los fariseos eran discutidores que se afanaban en moldear la ley según sus intereses, interpretando lo que convenía a cada uno.

Y en lo que a los saduceos respecta, eran los herederos de los sacerdotes, la clase altiva, aquellos a los que Jesús llamó «sepulcros blanqueados».

Poseían grandes tierras y propiedades, y sojuzgaban al pueblo comiendo de los impuestos y del botín de las extorsiones, sobre todo en el cambio de moneda y en la venta de animales para su sacrificio en el Templo. Mantenían que el espíritu se desintegraba junto con el cuerpo en la muerte, lo que Jesús rebatió con maestría asegurando que Dios es un Dios de vivos, no de muertos, Lucas 20, 37.

El profundo conocimiento de las Escrituras por parte de Jesús sugiere que su educación en la Ley Mosaica, independientemente de las revelaciones que pudo haber tenido, debió ser excepcional, lo que da más credibilidad a la posibilidad de que Nazaret fuera cuna de mujeres y hombres piadosos, consagrados al *nazireato*, o que tuviera alguna relación con los esenios, cuyas comunidades, como Qumran, tampoco aparecen en el Talmud ni en la relación de ciudades de Flavio Josefo.

Quizás un guiño literario de los evangelistas a este respecto podamos adivinarlo en los versículos donde un joven Jesús fue capaz de discutir con los Doctores de la Ley y salir airoso, Lucas 2, 41-50.

Río Jordán en su paso por Betania

Cristo mismo advirtió a sus discípulos que sus palabras debían ser interpretadas, o de lo contrario, quien tuviera oídos, no oiría, y aunque tuvieran ojos, no verían, Marcos 4, 12. Pero esa misma advertencia ya la hizo Jeremías 5, 12, por lo que, cuando leemos la Biblia, debemos andar prevenidos, pues son muchos los secretos que esconde, aunque, como también dijo Jesús: «No hay nada oculto que no llegue a ser descubierto», Lucas 8, 17.

La Betania del Bautista está localizada actualmente en Wadi al Jarrar, en la orilla oriental del río Jordán, tal como está descrita en el evangelio de Juan 1, 28, y pertenece al Reino Hachemita de Jordania, territorio que fue utilizado como campo de minas en la guerra de los Seis Días hasta que en 1996, por casualidad, se encontraron los vestigios de tres iglesias del siglo IV, construidas una encima de otra, con una escalinata que descendía hasta un lugar donde antiguamente llegaría el río Jordán, hoy a unos cien metros al oeste.

Este recinto fue consagrado por los gobernadores bizantinos, y anteriormente por Elena Augusta, como lugar original del bautismo de Cristo, encontrándose además ruinas de casas de hospedaje para peregrinos, algunas piscinas bautismales, cuevas donde los eremitas solían recluirse, e incluso la que pudo pertenecer a Juan el Bautista y sus seguidores, así como los restos de otras iglesias y monasterios posteriores.

(Como curiosidad, bajo la iglesia bizantina, el arqueólogo jordano Muhammad Wahid localizó una calavera, sin cuerpo, que quizás fuera la del Profeta del Desierto).

Sea como fuere, lo que sabemos con certeza es que en este lugar Jesús tuvo la Teofanía que cambiaría su vida... y la nuestra; cuando salió del agua y vio descender del cielo la Gracia del Señor en forma de paloma y fue reconocido como Hijo de Dios. De esa manera, la misión de Juan, que era ser el profeta que precedería al Mesías, también se habría cumplido.

Recordemos que cuando Jesús les preguntó a los sacerdotes del Templo si el bautismo de Juan era del cielo o de la tierra, ellos no quisieron responderle porque eso significaría tener que aceptar a Juan como el profeta a quien estaban esperando, y por tanto, a Jesús como el Mesías. No obstante, muy a pesar de esos hombres, ¡había llegado el año de Gracia del Señor y el Reino de los Cielos se había acercado!

El Mar de Galilea

«Después de que Juan fuera entregado, Jesús se marchó a Galilea proclamando la Buena Nueva de Dios: El tiempo se ha cumplido y el Reino de Dios se ha acercado. Convertíos y creed.»

Marcos 1, 14

Pocos lugares resultan tan evocadores como los alrededores del Mar de Galilea, que los hebreos llaman *Lago Kinneret*, por donde sabemos que Jesús pasó la mayor parte de su vida. Y nada resultará tan curioso como degustar allí uno de sus pececillos autóctonos, una mojarra que llaman de San Pedro; los mismos que Jesús comería y aquellos que multiplicó al menos en dos ocasiones.

La tradición rabínica asegura que, aunque Dios creó los océanos, los mares y los ríos, hizo el Lago de Genesaret, que toma sus aguas del Jordán, para su deleite personal... Y puede que tengan razón, porque tal vez no exista lugar en la tierra como éste. La vegetación de sus alrededores, la belleza de sus paisajes y el recuerdo tranquilo de quien un día caminó sobre sus aguas, hacen que este lago, paradójicamente, sea un campo de sueños.

Si bien la mayoría de arqueólogos bíblicos, historiadores y teólogos andan afanados queriendo encontrar las huellas de Jesús en las piedras de los alrededores, sin embargo han olvidado que este lago es el legado mismo de su paso, y que tal vez sus aguas guarden incluso la memoria de sus palabras, como

61

guardaron durante dos mil años la barca que hoy se expone en el Centro Yigal Allon del Kibutz Ginosar; una embarcación que coincide a la perfección con las descritas en los evangelios.

Hace unos veinte años, dos hermanos, Moshe y Yuvi Lufan, vecinos del lugar, encontraron por casualidad en las orillas del lago un conjunto de monedas y utensilios de pesca, además de los restos de una embarcación que la sequía había dejado al descubierto. Pese a su sorpresa, llamaron inmediatamente al departamento de antigüedades de Israel, quien envió a sus expertos para datarla y, si fuera posible, rescatarla de las aguas. Lo que sucedió algunos días más tarde, tras descubrir que posiblemente habría pertenecido a una familia humilde,dado que los materiales con los que estaba construida fueron reutilizados en más de una ocasión.

Afortunadamente, el cieno había creado una película sobre ella que protegió el casco, motivo por el cual pudo soportar las inclemencias del tiempo y de las aguas.

Cuando por fin estuvo a salvo de los vientos del lago, el carbono 14 confirmó que efectivamente pertenecía al siglo I. Por tanto, ¿pudo ser ésta la barca donde Jesús durmió mientras sus discípulos temían ser derribados por la tempestad? Mateo 8, 24. ¿O quizás fue la del padre de los hermanos Zebedeo? Mateo 4, 21. ¿O puede que incluso fuera la barca de san Pedro? Juan 21, 3.

Lago Kinneret

Curiosamente, en ella cabían fácilmente trece personas; tal vez los doce apóstoles y Jesús. Sin embargo, cuando ya no pudo soportar más el trasiego de la pesca, alguien le quitó los clavos dejando que se hundiera.

Actualmente, algunas compañías de los alrededores ofrecen travesías por el lago, aunque la mayoría de empresas turísticas no contemplan ni siquiera la visita de la barca, por lo que, quien esté interesado, deberá llegar hasta Tiberiades por su cuenta y, desde allí, buscar una oficina local que le ofrezca estos servicios.

La sinagoga restaurada en la ciudad extinta de Cafarnaúm, c.1900

Cafarnaúm, Betsaida y Corazím

«Y recorrió toda Galilea, predicando en sus sinagogas y expulsando a los demonios.»

Marcos 1, 39

Siguiendo la ribera del río recorreremos los caminos de Jesús hasta la ciudad de Cafarnaúm, o Kfar Nahum —el Pueblo de Nahúm, uno de los doce grandes profetas del Antiguo Testamento.

En este lugar tenía su residencia san Pedro, aunque él era oriundo de Betsaida. Las dimensiones de la casa que describe la Biblia, en la cual se reunieron decenas de personas y donde además cuatro hombres quitaron parte del techo para bajar a un paralítico y ponerlo cerca de Jesús, nos hace pensar que Pedro debió ser de clase acomodada. Además, en ella no solamente vivía la mujer y los hijos de Pedro, también su suegra, Andrés y tal vez Jesús cuando se encontraba en la ciudad.

Durante su misión apostólica, sabemos que Cristo hizo muchos milagros, como devolver la vista a los ciegos, algo de lo que lo acusan incluso sus detractores, como podemos leer en el Talmud, pero recordemos que la Biblia es una amalgama de alegorías.

Dar la vista a los ciegos es como traer luz a quienes viven en la oscuridad, por lo que no podemos demostrar históricamente que Jesús hiciera curaciones milagrosas, ya que este campo es exclusivo de la fe. Pero sí es fácil suponer que alguien con su carisma pudiera realizar el prodigio, quizás todavía más difícil, de sacar las tinieblas que cubrían los corazones de los hombres, Marcos 8, 22.

De la misma manera, un leproso puede ser alguien manchado por alguna enfermedad de la piel que volvía impuro todo lo que tocaba. Sin embargo, Jesús nos enseña que, tocando al enfermo, no era él quien enfermaba, sino el leproso quien sanaba, lo que tiraba por tierra la tradición de pureza ritual hebrea, supeditándola a la nueva Ley del amor y la compasión, Lucas 5, 12.

Un paralítico espiritual puede ser también alguien sin ningún interés por conocer a Dios, pues estaría sentado sobre su propio orgullo, sin poder moverse. No obstante, Jesús hace levantar de su ignorancia al menos a cinco paralíticos. Mateo 8, 5.

Los poseídos por espíritus inmundos eran quienes habían llenado su mente de resentimiento y sacaban a pasear a sus demonios para hacerse daño a sí mismos y a los demás. Sin embargo, Jesús también fue capaz de limpiar la mente de esos hombres y mujeres, tirando a los demonios por el precipicio para dejar su lugar a los ángeles del Señor, Mateo 8, 28.

Y tal vez estos prodigios espirituales sean mucho más difíciles de creer que los que asegura la tradición, ya que hoy en día la medicina ha devuelto la vista a los ciegos, ha sanado la lepra, y ha levantado a algún paralítico de su silla… pero no ha conseguido cambiar el corazón de los hombres; algo que Jesús sigue haciendo. Por tanto ¿quién se atreve a decir que Jesús está muerto? ¡No! Él ha resucitado y, donde se reúnan dos o tres en su nombre, ahí, con ellos, con nosotros, en ese momento, estará él.

No obstante, y para perplejidad de los descreídos, Jesús fue capaz de sanar tanto el cuerpo como el espíritu. De ahí que, llegando al final de su ministerio, maldijera las tres ciudades que más había frecuentado precisamente por no creer en todo lo que habían visto: Cafarnaúm, Betsaida y Corazím.

(Como dato curioso, hacia el año 800, un extraño terremoto sepultó estas tres ciudades, tal como Jesús vaticinó, aunque otros aseguran que fueron víctimas de la invasión persa.

Pese a eso, fueron redescubiertas en la primera mitad del siglo XIX por el geógrafo norteamericano Edward Robinson precisamente para, casi dos mil años más tarde, dar testimonio de Jesús).

> Entonces se puso a maldecir a las ciudades en las que se habían realizado la mayoría de sus milagros, porque no se habían convertido. «¡Ay de ti, Corazím! ¡Ay de ti, Betsaida! Porque si en Tiro y en Sidón se hubieran hecho los milagros que se han hecho en vosotras, tiempo hace que en sayal y ceniza se habrían convertido. Por eso os digo que el día del Juicio habrá menos rigor para Tiro y Sidón que para vosotras. Y tú, Cafarnaúm, ¿hasta el cielo te vas a encumbrar? ¡Hasta el Hades te hundirás! Porque si en Sodoma se hubieran hecho los milagros que se han hecho en ti, aún subsistiría el día de hoy. Por eso os digo que el día del Juicio habrá menos rigor para la tierra de Sodoma que para ella».
>
> Mateo 11, 20

A partir del siglo XX los padres franciscanos se hicieron cargo de las excavaciones de Cafarnaúm, sacando por fin a la luz la Casa de Pedro, una construcción recalificada en la segunda mitad del siglo I que se convertiría en uno de los primeros lugares de reunión del judaísmo cristiano, lo que podríamos llamar una protoiglesia.

Además, en las excavaciones anteriores se habían hallado vestigios de una sinagoga de roca volcánica del siglo I justo frente a la casa, lo que además concuerda con el relato evangélico de Marcos 1, 29, aunque más tarde sería reconstruida con piedra blanca calcárea y se encuentra descrita en el libro de viajes de la peregrina española Egeria, del siglo IV, *Itinerarium ad Loca Sancta.*

Sobre la casa de Pedro, los padres franciscanos hicieron construir una iglesia octogonal, en recuerdo de las ocho bienaventuranzas, conmemorando así la iglesia bizantina anterior, desde la cual se puede ver, a través de un vidrio en el suelo, el interior de las ruinas de la casa original, donde también se han encontrado inscripciones antiguas con el nombre de Cristo.

En tiempos de Jesús, Cafarnaúm era conocida como «su ciudad» —Mateo 9, 1 y Marcos 2, 1— . Poseía un puesto de aduanas con una guardia romana permanente, cuyo centurión suplicaría a Jesús que sanara a su siervo, Mateo 8, 5.

Interior de la sinagoga de Jesús en Cafarnaúm, en la actualidad

Betsaida —la Casa del Pescador— por su parte, era mucho más pequeña y distaba unos pocos kilómetros de Cafarnaúm, lugar donde habían nacido Pedro, Andrés, Felipe, Juan y Santiago, hijos de Zebedeo.

Fue aquí, y no en Heptapegon —manantial de las siete fuentes— actual Tabgha, donde se produjo el milagro de la multiplicación de panes y peces.

En 1838, Edward Robinson afirmó haberla encontrado. No obstante, sus hallazgos distaban un par de kilómetros del mar, demasiado lejos para una aldea de pescadores. Sin embargo, estudios recientes han demostrado que el Lago de Galilea habría retrocedido algunos kilómetros desde su ubicación en la época de Jesús, cuando seguramente Betsaida estaba bañada por la costa.

Por otra parte, las excavaciones del arqueólogo hebreo Rami Arav sacaron a la luz una calle empedrada del siglo I por la cual, necesariamente, tuvo que pasar Jesús en algún momento de su vida.

Asimismo, Corazím debió ubicarse al norte de Cafarnaúm, cerca del *Monte de las Bienaventuranzas,* otro idílico lugar para soñar con los paisajes que pudo haber visto el Nazareno.

Según algunos teólogos, el legado de Cristo, más allá de sus prodigios, muerte y resurrección, es el Sermón de la Montaña, cuya profundidad excede por completo cualquier otra obra de tratado religioso o filosófico antes vista o por ver.

Las palabras que Jesús pronunció en ese monte son la quintaesencia de su pensamiento y guardan el misterio de un alma tan expandida que asustó demasiado a los «piadosos» dirigentes de su época.

Si bien las diferentes religiones vienen discutiendo desde hace siglos sobre los puntos coincidentes y disonantes entre sus credos, todas se han visto obligadas a admitir la gran profundidad que encierran las palabras de un hombre que, si no fue hijo de Dios, debería haberlo sido. Alguien que buceó tanto en las profundidades de su alma, que, paradójicamente encontró un camino al cielo. Mateo 5 y ss.

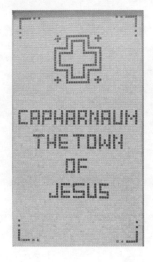

Calle de Jersusalem a principios del siglo XX

Jerusalén

«Dios le dijo: "¡Abraham, Abraham!" Y él respondió: "Heme aquí." Díjole entonces: "Toma a tu hijo, a tu único, al que amas, a Isaac, vete al país de Moriah y ofrécele allí en holocausto en uno de los montes, el que yo te diré."»

Génesis 22, 1-2

Según la tradición rabínica, Jerusalén fue construida alrededor de la Roca Fundacional, o Shejiná, es decir, el lugar donde la Presencia Divina tenía su morada perpetua, a partir de la cual Dios creó el mundo, donde Caín y Abel hicieron sus ofrendas, Génesis 4, 3-4. Donde Noé construyó el primer altar tras el diluvio, Génesis 8, 20. Donde Abraham se dispuso a sacrificar a Isaac, Génesis 22, 1-2. Pero también donde Jacob soñó con cientos de ángeles que subían y bajaban por una escalera colocada aquí.

Llegando a cierto lugar, se dispuso a hacer noche allí, porque ya se había puesto el sol. Tomó entonces una de las piedras del lugar, se la puso por cabezal, y acostóse allí mismo. Y tuvo un sueño; soñó con una escalera apoyada en tierra, y cuya cima tocaba los cielos, y he aquí que los ángeles de Dios subían y bajaban por ella. Y vio que Yahvé estaba sobre ella, y que le dijo: «Yo soy Yahvé, el Dios de tu padre Abraham y el Dios de Isaac. La tierra en que estás acostado te la doy para ti y tu descendencia. Tu descendencia será como el polvo de la tierra y te extenderás al

71

poniente y al oriente, al norte y al mediodía; y por ti se bendecirán todos los linajes de la tierra, y por tu descendencia. Mira que Yo estoy contigo, te guardaré por doquiera que vayas y te devolveré a este solar. No, no te abandonaré». Despertó pues Jacob de su sueño y dijo: «¡Así que está Yahvé en este lugar y yo no lo sabía!». Y asustado dijo también: «¡Qué temible es este lugar! ¡Esto no es otra cosa sino la Casa de Dios y la Puerta del Cielo!». Levantóse entonces Jacob de madrugada, y tomando la piedra que se había puesto por cabezal, la erigió como estela y derramó aceite sobre ella. Y llamó a aquel lugar Betel, aunque el nombre primitivo de la ciudad era Luz.

Génesis 24, 11-19

Sobre esa misma Roca, años más tarde, David ordenaría a su hijo Salomón poner el Arca de la Alianza. Y en torno a ella construir una sala, que se llamará, con razón, el *Sancta Sanctorum*. Y en torno a la sala, un Templo, el primero dedicado a Hashem. Y en torno al Templo, una ciudad sagrada, Jerusalén.

Tras la destrucción de la capital hebrea por las tropas romanas de Tito, Adriano utilizó esta misma localización para colocar una estatua de Zeus, cambiando el nombre de Jerusalén por Aelia Capitolina.

Siglos después, montado sobre una extraña criatura alada, Mahoma dijo haber viajado desde La Meca hasta Jerusalén, para subir desde aquí hasta el *Séptimo Cielo* y hablar con Dios, además de ser donde el Califa Abdul Malik, en el año 690 d. C., erigió la actual Cúpula de la Roca.

Según muchos historiadores, la Roca Fundacional, y por extensión la misma Jerusalén, son el ombligo del mundo, el *Axis Mundi,* como dice el Señor; «Esta es Jerusalén; Yo la he colocado en medio de las naciones, y rodeado de países.» Ezequiel 5, 5. Por tanto, Israel sería el corazón de la tierra, Jerusalén el corazón de Israel, el Templo el corazón de Jerusalén, el *Sancta Sanctorum* el corazón del Templo, y la Roca Fundacional el corazón del *Sancta Sanctorum*, por tanto el corazón del corazón.

Por las *Listas de Proscripción Egipcias*, sabemos de la existencia de Jerusalén, Yerushalayim —Casa de Paz—al menos dos mil años antes de Cristo. Y por el encuentro de Abraham con *Melquisedec*, el misterioso rey de Salem, sabemos que la ciudad fue considerada sagrada incluso por sus primeros pobladores, los jebuseos. Años más tarde se encuentra también nombrada en las *Cartas de Amarna* —Correspondencia diplomática entre el faraón Akhenatón y las distintas ciudades estados cananeas, hititas, e incluso babilónicas— hasta que David la conquistara en el siglo XI a. C.

> Entonces Melquisedec, rey de Salem, presentó pan y vino, pues era sacerdote del Dios Altísimo.
>
> Génesis 14, 18

Tras la muerte de su padre, Salomón haría importantes tareas arquitectónicas, ampliando sus murallas y construyendo el Templo, lo que la convirtió en el centro religioso más importante del momento, incluso para los ajenos a la religión Mosaica, dada la magnitud de la obra.

El Templo de Jerusalén se levantaba sobre el Monte Moriah, o Monte Sion, erigido a expensas del deseo de David de establecer una Casa a Dios que sustituyera el Tabernáculo —Mishkam, o la Morada, una tienda de campaña que guardaba las reliquias sagradas de la religión yahvista, a saber: el Arca de la Alianza, la Menorah, el Altar donde se quemaban los perfumes y la Mesa de la Proposición—. Para ello se contrató al alquimista de Tiro, Hiram, quien, asegura la Biblia, era un hábil maestro en metalurgia, 2º Crónicas, 2, 13.

El edificio principal habría tenido unos 13 metros de alto, 30 de largo y 9 de ancho, presentando dos misteriosas columnas a ambos lados de la puerta de acceso, llamadas *Jakim y Boaz*, contracción de una bendición hebrea que decía lo siguiente: «Que el Señor establezca la Casa de David para siempre —Boaz—. Por el poder de Dios —Jakim—». Pero también pudieron haber sido representaciones de los dos árboles del Paraíso; el Árbol del Conocimiento del Bien y del Mal, y el Árbol de la Vida.

Sea como fuere, en el interior del templete habría tres salas; la primera era utilizada a modo de vestíbulo —*Ulam*— adornado con motivos vegetales que recordaban el perdido Jardín del Edén.

La segunda se llamaba *Helaj*, y era donde se encontraban los objetos rituales, como la Mesa, el Candelabro etc.

Y, por último, ascendiendo a la zona más sagrada, el *Dvir*, donde solamente podía entrar el Sumo Sacerdote tan sólo una vez al año, el día del *Yom Kippur*, para quemar incienso y suplicar ante el Arca el perdón de los pecados de toda la nación.

En su interior había dos querubines de unos 5 metros que cubrían el propiciatorio, el cual también tenía dos querubines esculpidos. (Tal vez una forma de representar que la Presencia de Dios había pasado del Arca al Templo. Por tanto, desde que fue puesta en su lugar, el Arca habría perdido su papel central en la religión judía, ya que a partir de ese momento el Trono de Dios sería el santuario mismo, cosa que parece estar apoyada por los autores de la Biblia, que, a partir de entonces, le quitaron importancia).

A la muerte de Salomón, en el 928 a. C., el reino se dividió en dos, quedando las tribus de Judá y Benjamín al sur, lo que se llamó Judea, y que sería gobernado por Roboam. Mientras que las diez tribus restantes formaron el reino de Israel, al que después se le anexionaría Benjamín, y que sería gobernado por Jeroboam I, un títere del faraón Sisaq, el cual, al quinto año de reinado de Roboam, invadió Jerusalén y saqueó el Templo.

Será éste un periodo de turbulencias tanto internas como externas. El nuevo rey de Israel había devuelto el reino a la idolatría levantado dos becerros, uno en *Dan* y otro en *Betel*, con la intención de hacer sombra al Templo de Jerusalén, mientras en Judea estaban constantemente afanados en defenderse de las incursiones norteñas y egipcias.

Según la tradición rabínica, cuando los levitas creían que la ciudad estaba en peligro, guardaban el Arca en «su sitio», aunque el Talmud no especifica dónde era. Con la llegada del Islam y la conquista de Jerusalén, al este de lo que viene siendo la Cúpula de la Roca, se encontró una pequeña gruta bajo la Shejiná que bien podría haber sido el escondite del

Arca, llamada *Pozo de Almas,* donde actualmente se ubica una pequeña mezquita con una curiosa elevación que tiene las mismas medidas del Arca.

Al menos hasta el año 638 a. C., con la subida al trono del rey Josías, el Arca no será devuelta al Dvir. Sin embargo, en el año 587 a. C., Nabucodonosor II tomaría Jerusalén tras un épico asedio y asesinaría a todos los descendientes de la Casa de David. Arrasó el Templo, robó sus tesoros, excepto el Arca, y se los llevó a Babilonia junto a las familias judías que sobrevivieron. Pero sería Jeremías quien, según el libro segundo de Macabeos, salvaría el cofre sagrado llevándoselo lejos de Jerusalén.

El profeta Jeremías, después de una revelación, mandó llevar consigo la Tienda de la Presencia y el Arca; y salió hacia el monte donde Moisés había subido para contemplar la heredad de Dios. Y cuando llegó Jeremías, encontró una estancia en forma de cueva, y allí metió la Tienda, el Arca y el Altar del incienso, y tapó la entrada. Volvieron algunos de sus acompañantes para marcar el camino, pero ya no pudieron encontrarlo. En cuanto Jeremías lo supo, les reprendió diciéndoles: «Este lugar quedará desconocido hasta que Dios vuelva a reunir a su pueblo y le sea propicio. El Señor entonces mostrará todo esto; y aparecerá la Gloria del Señor y la Nube, como se mostraba en tiempo de Moisés, cuando Salomón rogó que el Templo fuera solemnemente consagrado».

2ª Macabeos 2, 4-8.

Ezequiel, sacerdote y profeta durante el exilio en Babilonia, también revelará parcialmente dónde estaba el Arca, Ez 11, 22. Pero, deseando que pase desapercibida, como manda la tradición profética, para que teniendo ojos, no vean, y oyendo, no entiendan, la llamará *la Gloria de Yahvé,* la cual regresará a la ciudad cuando los pecados de toda la nación hayan sido expiados y el Templo vuelva a estar en pie.

Me condujo luego hacia el pórtico que miraba a oriente —la Puerta Dorada— y he aquí que la Gloria del Dios de Israel llegaba de la parte de oriente —del Monte de los Olivos— con un ruido como el ruido de muchas aguas, y la tierra resplandecía de su Gloria. Esta visión era como la que yo había visto cuando vine para la destrucción de la ciudad, y también como lo que había visto junto al río Kebar. Entonces caí rostro en tierra. La Gloria de Yahveh entró en la Casa por el pórtico que mira a oriente y el espíritu me levantó y me introdujo en el atrio interior, y he aquí que la Gloria de Yahvé llenaba la Casa.

Ezequiel 43, 1-6

Años más tarde, en el 538 a. C., Ciro, rey de los persas y de los medos, conquistó Babilonia y devolvió la libertad al pueblo judío, financiándoles además la reconstrucción de un segundo Templo y restituyéndoles los objetos robados por Nabucodonosor. Este Templo, infinitamente más modesto que el de Salomón, no dejó satisfecho a nadie pues, cuando acabó de construirse, el Arca no apareció, como estaba profetizado, signo inequívoco de que el pueblo aún no estaba preparado para recibir al Mesías.

En el año 332 a. C. Alejandro Magno conquistó Jerusalén y, como relata Flavio Josefo, subió al Templo y ofreció un sacrificio. Con la muerte del Macedonio, Judea quedaría en manos de los Ptolomeos, y más tarde de los Selúcidas. Pero no fue hasta que Antíoco IV Epífanes desacreditó el nombramiento de los sacerdotes y puso una estatua de Zeus en el recinto del Templo, prohibiendo además la religión Mosaica, que los hijos de Israel no recuperarían su dominio. Esto ocurrió gracias a la rebelión del sacerdote Matatías y de su familia, que en el año 163 a. C. consiguió echar a los sirios de Jerusalén, purificando el Templo con las cenizas de una vaca roja, dando comienzo así a la dinastía de los Macabeos.

En el año 63 a. C., Jerusalén caería en manos de Pompeyo, el cual asesinó a la mayoría de sacerdotes en el recinto del Templo mientras trataban de impedir que profanarse el *Sancta Sanctorum*.

Treinta años más tarde, Roma elegiría a Herodes el Grande para gobernar los territorios ocupados de Judea, Galilea, Idumea y Samaria.

Herodes realizó magníficas construcciones arquitectónicas en Jerusalén: un teatro, un anfiteatro y la Fortaleza Antonia. A pesar de las fuentes judías que aseguran que terminó de reconstruir el segundo Templo llamado de Zorobabel, realmente prescindió por completo del edificio financiado por Ciro. Allanó el Monte Moriah desde sus cimientos y, auspiciado por los sacerdotes, reconstruyó el Tercer Templo, un magnífico edificio donde, asegura Flavio Josefo, «en el Santo de los Santos, tras la cortina, ya no había nada en absoluto».

Ansiando superar a Salomón, Herodes ordenó doblar la altura de la capilla central que contenía las tres salas más sagradas, decorándolas con todo tipo de materiales preciosos. Amplió el Patio de los Gentiles, dotándolo de una serie de columnatas, además de plantar jardines con árboles de todo tipo y alzar poderosas murallas.

No dudó en gastar todo lo necesario para hacer de Jerusalén un nuevo centro de peregrinación que atrajera a gentes desde todos los rincones del imperio para admirar la obra hecha por sus manos... Pero lo que no imaginó es que, quien vendría, como estaba escrito en la profecía, sería la Gloria de Yahvé, esta vez encarnada en el Mesías, la nueva Arca de la Alianza que daría vida a un Templo que llevaba esperándolo desde siempre, 1 Corintios 2, 6-8.

Herodes también edificó Maqueronte, Herodión y Massada para defender su territorio de los ataques nabateos, junto a Cesárea del Mar, urbe consagrada al culto al emperador. Pero también demostró ser un asesino despiadado y un psicótico sin escrúpulos asesinando a sus hijos Alejandro, Aristóbulo y Antipatro, así como a su mujer Marianme, a quien, una vez muerta, buscaba delirando por los pasillos de palacio. Y, aunque no se haya podido encontrar ningún vestigio de la matanza de inocentes en Belén narrada en los evangelios, no sería de extrañar dado su carácter esquizofrénico.

Jesús encontró en Jerusalén un público más selecto y a la vez más corrupto que en las aldeas. No era suficiente mostrarles la Verdad, además esa verdad debía corresponderse a lo que ellos esperaban que fuera: un Dios a su medida. Si no, el mensaje sería ignorado y el mensajero, ajusticiado.

En esta etapa de su vida encontramos a un Jesús que, ante la dura cerviz del pueblo hebreo, poco a poco se irá abriendo más a la idea de expandir su proyecto a todas las naciones. Lo que, no obstante, será bastante afín a la visión que Pablo predicará años más tarde. Pero lo que más llamará la atención es que será esta apertura imprevista la que realmente hará que un profeta de Israel trascienda las fronteras de su propia tierra, de su tiempo, y llegue a millones de corazones a lo largo de la historia.

Lejos ha quedado ya su desencuentro con la mujer sirofenicia. Ahora, en cambio, maldice a la higuera, símbolo del judaísmo, y llama a los extranjeros a comer de su mesa en el día de su boda.

Sabemos que la mística hebrea asegura que el alma es como la novia y que Dios es el novio. Sin embargo, para el rey de Israel, la Tierra Prometida es la novia y el rey es el novio, el cual debe prometerle fidelidad eterna para que la vid nunca deje de dar buen vino.

Jesús ha hecho surgir un vino nuevo cuando la tierra estaba seca. Empero ese vino será valorado únicamente por sumilleres ajenos a la corrupción romana y a la influencia del Sanedrín.

Jesús es el cordero primigenio que sacrificó Abel y por eso fue grato a los ojos del Señor, pero también es el que Dios entregó a Abraham para que ofreciera en lugar de su hijo Isaac justamente aquí, en el monte Moriah, en el centro de Jerusalén. Ahora, siglos más tarde, Dios volverá a entregar otro cordero como dispensa para los hijos de Isaac. Exactamente en el mismo lugar donde ya lo hizo siglos atrás, pues la fortaleza Antonia, donde comienza el Vía Crucis, pertenece también a la colina del Monte Moriah, también llamado Monte del Templo.

Después de la crucifixión de Jesús, hacia el año 68 aproximadamente, su hermano Santiago, conocido como «el Justo», primer obispo de la Iglesia de Jerusalén (de quien aseguraba san Jerónimo que, como Jesús, fue consagrado al *nazireato* desde el vientre de su madre, no bebía alcohol y no se cortaba el pelo, y que además pidió a san Pablo expresamente que se purificase en el Templo para santificar la Torah y acallar los rumores que aseguraban que había prescindido del judaísmo) fue lapidado por el Sumo Sacerdote Hanan ben Hanan, descendiente de la familia de Caifás, aprovechando un descuido imperial, por lo que sería depuesto de su cargo.

Este suceso, según *Orígenes*, pudo desencadenar algunas revueltas que acabarían con el asedio de Jerusalén por las tropas de Tito, que no dejaron de la ciudad piedra sobre piedra.

Los primeros cristianos-nazarenos, antes del asedio de Jerusalén, escaparían a Perea, para regresar después del año 70 y continuar viviendo en Judea incluso hasta que la ciudad, en manos de Adriano, se llamó Aelia Capitolina. En esta tradición está enmarcada la iglesia ortodoxa, que se reconoce sucesora de Santiago a través de todos sus Patriarcas.

Con la subida al trono del emperador Constantino, Jerusalén se deshace de la religión romana y, a través de Elena Augusta, se establecen los lugares de culto cristianos, que rivalizarán ahora con los paganos en todo el imperio, sobre todo con la Tumba de Alejandro Magno en Alejandría, por lo que era necesario encontrar y edificar el sepulcro del nuevo hombre-dios, Jesucristo, para atraer hasta aquí el flujo de peregrinos.

Pozo de Almas

En el 637, el segundo Califa, Omar ibn al Jattab, tomó Jerusalén de mano de los bizantinos. Y algunos años más tarde, el Califa Abdul Malik construirá la Cúpula de la Roca en el lugar donde se ubicaba el *Sancta Sanctorum* del Templo de Jerusalén. A este hecho le sucederán una serie de campañas militares, llamadas Cruzadas, que enfrentarán a Oriente contra Occidente por la posesión de los lugares más sagrados de las tres religiones. Una guerra que, desafortunadamente, todavía se sigue dando. La batalla por controlar el *Eje del Mundo*.

Actualmente la Roca Fundacional se encuentra protegida por las autoridades palestinas y descansa bajo la cúpula dorada que se levanta justamente donde anteriormente se alzó el Santo de los Santos. Y era aquí donde mi corazón deseaba entrar para descansar y rendirme a la magia de Jerusalén, que, durante toda su historia, ha llamado a millones de peregrinos a rezar en sus lugares sagrados.

La silueta del Domo brillando con el sol me hacía soñar con los días del Sagrado Templo y con la sombra de Jesús caminando por el Patio de los Gentiles, lo que hoy es la parte Este de la Explanada de las Mezquitas, enseñando una religión que ponía el acento en el corazón, no en el Talión, porque el alma está compuesta en su mayor parte de amor y compasión…

Roca Fundacional en el Interior del Domo

Superando las pesquisas de los guardias, pude por fin entrar en el Ombligo del Mundo antes de la oración de la tarde. Sin embargo, cuando el imam terminó de recitar el Corán y todos se levantaron, yo no podía sostenerme en pie y tuve que quedarme sentado en el suelo. Una Fuerza como jamás había sentido me había secuestrado la razón, haciéndose un hueco en lo más profundo de mi ser...

Debo confesar, amigo lector que ahora lees mis palabras, que no había experimentado nada parecido en ningún otro lugar de la tierra.

Guardo con cariño las extrañas sensaciones que tuve al entrar en la Cámara del Rey de la Gran Pirámide, o en la Iglesia de San Sergio en el barrio Copto de El Cairo, incluso en la mágica gruta de san Juan en la isla de Patmos. De la misma manera, he podido visitar a decenas de maestros espirituales de todas las tradiciones, que derramaron sobre mí parte de su «gracia», pero nada era comparable a la energía que allí sentí.

Entonces, en ese «éxtasis estático», un pensamiento irrumpió en mi mente. Una voz interior que me aseguraba que la aspiración por Trascender no consistía en desear tener alguna experiencia supra-mundana, sino en comprender que, más allá de nosotros, hay cientos de seres que sufren. Y que, por tanto, deberíamos trabajar para ayudarlos.

Trascender es romper las fronteras del yo, del ego, de creerse el centro del universo, y entender que tan sólo somos una gota dentro de un inmenso mar que formamos cientos de millones de gotas que también desean alcanzar la felicidad.

Que este pensamiento se me revelase allí, junto a la Roca Fundacional, en el mismo Eje del Mundo, en el centro de la Mirada viva del Señor, mientras sentía aquella fuerza en mi pecho, fue tremendamente significativo. Tanto, que no pude contener la emoción y tuve que romper a llorar sin importarme que la gente que pasaba me viera gemir y sollozar. Y tengo que confesar que tuve que salir corriendo porque sentí que, si no lo hacía, podría desaparecer en cualquier momento sumergido en aquella Presencia.

Ahora comprendía por qué la tradición rabínica llamaba a este sitio *Shejiná*, donde Dios habita. Y por fin pude comprender las palabras del Maestro: «Ama a Dios sobre todas las cosas y al prójimo como a ti mismo» porque acababa de sentirlas en el alma. Así se me transmitió, y así yo lo transmito, para quien tenga oídos, que oiga...

Las Ocho Puertas

«Los que iban delante y los que le seguían, gritaban:
"¡Hosanna! ¡Bendito el que viene en nombre del Señor!
¡Bendito el reino que viene, de nuestro padre David!
¡Hosanna en las alturas!". Y entró Jesús en Jerusalén,
en el Templo, y después de observar todo a su alrededor,
siendo ya tarde, salió con los Doce para Betania.»

Marcos 11, 9-11

En 1538, el sultán otomano Solimán el Magnífico reedificó las murallas de Jerusalén siguiendo el trazado antiguo y respetando siete de las doce puertas que la ciudad tenía en la época de Jesús, las cuales solían cerrarse por la noche y abrirse al amanecer.

La Puerta de Jaffa suele ser la que primero ven los peregrinos, ya que casi todos los autobuses tienen su parada aquí, además del tranvía. Como su nombre indica, los comerciantes que venían, o iban, a Jaffa y Hebrón, solían salir por esta puerta, que dista de la Ciudadela apenas unos metros.

Aunque antiguamente poseía una bellísima Torre del Reloj en honor al sultán Abdul Hamid II; la conquista británica destruyó por completo la edificación.

Actualmente se reparten en sus inmediaciones numerosos locales de cambio de moneda, restaurantes y comercios, además de ser el lugar preferido donde los Sherut, taxis compartidos, suelen buscar clientela. También desde aquí se llega hasta la catedral de Santiago el Mayor, hijo de Zebedeo —no confundir con Santiago el Justo— y al Muro Occidental bajando por *David Street* y torciendo a la derecha.

Siguiendo el sentido contrario a las agujas del reloj encontraremos la Puerta de Sion, por la que se accede al barrio armenio y judío. Está al oeste de la Puerta de Jaffa y será fácil de identificar dados los numerosos agujeros de bala que tiene en su fachada, producto de la guerra de 1948. Por ella podremos salir para visitar del cenotafio del rey David y el Cenáculo.

Algo más abajo nos encontraremos con la Puerta de Dung, también llamada de las basuras, *Muladar,* porque a este lugar se traían antiguamente los vertidos de la ciudad para que el viento se llevara los malos olores. Su proximidad con el Muro de los Lamentos y el museo Arqueológico del Templo hace que sea una de las más transitadas por los vehículos. Desde su interior podremos acceder al barrio judío.

> Saliendo, pues, de noche por la puerta del Valle, me dirigí hacia la Fuente del Dragón y hacia la puerta del Muladar: inspeccioné la muralla de Jerusalén por donde tenía brechas, y las puertas que habían sido devoradas por el fuego. Continué luego hacia la puerta de la Fuente y la alberca del Rey, pero no había paso para mi cabalgadura. Volví a subir, pues, de noche, por el torrente, inspeccionando la muralla, y volví a entrar por la puerta del Valle.
>
> Nehemías 2, 13-15.

La única puerta que se encuentra cerrada es la de la Misericordia, o *Golden Gate,* antigua puerta Este frente al Monte de los Olivos, por donde está escrito que el Mesías pasó a lomos de un pollino cuando llegó a Jerusalén. (*Para algunos todavía no lo ha hecho*). Por ese motivo el sultán Solimán el Magnífico, en un arrebato un tanto extraño puesto que los musulmanes también creen en Jesús, decidió tapiarla para impedir que el Mesías pasase por ella. Además, con ánimo de estorbar más, hizo levantar frente a la puerta un cementerio musulmán que rompiera también el voto de pureza hebreo.

Siguiendo de nuevo el sentido contrario a las agujas del reloj nos encontraremos con la Puerta de San Esteban, porque se cree que, cerca de este lugar, fue lapidado el primer mártir del cristianismo. También es conocida como Puerta de los Leones por los cuatro felinos, algunos dicen que son panteras, que pueden verse a ambos lados de la fachada. No obstante, los árabes la conocen como *Bab Sitti Mariam* porque está cerca de la Tumba de la Virgen. No confundir con la Iglesia de la Dormición.

A escasos metros, antes de comenzar la Vía Dolorosa, se encuentra también la iglesia de Santa Ana y la piscina de Bethesda, y al otro lado, la Puerta de las Tribus, que da acceso a la Explanada de las Mezquitas, o Haram esh Sharif.

El acceso fue parcialmente destruido por los tanques israelíes que entraron por aquí en la guerra de los Seis Días.

Golden Gate

La Puerta de Herodes es un atajo al barrio musulmán y fue erróneamente identificada porque antiguamente se creía que cerca de este lugar tuvo su palacio Herodes del Grande. Su verdadero nombre es Puerta de las Flores debido a los motivos florales de su fachada.

Una de las más importantes y grandiosas de la ciudad es sin duda la Puerta de Damasco, que nos conducirá, pasando por el gran zoco del barrio musulmán, directamente al Santo Sepulcro.

Nada más flanquear sus lindes se puede percibir el aroma de las especias típicas de los mercados árabes. Frente a ella se encuentra la Colina de la Calavera, o Gólgota, según el topógrafo inglés Charles Gordon, que se puede observar claramente tras la estación de autobuses. Los árabes suelen llamarla también la Puerta de la Columna por la estatua del emperador Adriano que se levantaba cerca.

Y, por último, nos encontraremos con la Puerta Nueva, construida en 1898, que da acceso al barrio cristiano y que fue sellada en el 1948 hasta que Israel tomó la ciudad en la guerra de los Seis Días y volvió a abrirla.

Puerta de Sion

No obstante, en la época del Segundo Templo, como ya hemos dicho, las puertas serían doce, una por cada tribu.

Cuando la población judía regresó de su exilio en Babilonia, desearon fervientemente reconstruir Jerusalén, por lo que Zorobabel comenzó levantando primeramente el Altar del Señor en la zona del Templo, y Nehemías, tras hacer una inspección de las ruinas de la ciudad, decidió levantar las murallas.

Eliasib fue el encargado de restaurar la llamada Puerta de las Ovejas —Eliasib curiosamente significa «Dios Restaura»— que estaría ubicada cerca del Monte de los Olivos y fue por donde pasaban los rebaños traídos de Belén para ser sacrificados en el Templo.

Esta puerta, al contrario que las demás, no tenía pestillos ni cerrojos, símbolo quizás del mismísimo Jesús, que nunca puso cerraduras en su corazón ni en el de Dios.

La Puerta del Pescado se ubicaba en la zona norte y por ella entraba y salía todo el comercio pesquero que venía del Jordán y del Mediterráneo. Fue reedificada por los hijos de Senaa.

Puerta de los Leones

La Puerta Vieja era la única que sobrevivía de la ciudad de los Jebuseos, también llamada Puerta del Ángulo.

La Puerta del Valle estaría ubicada entre la actual Puerta de Sion y la de Dung. Josefo la llama Puerta de los Esenios.

La Puerta del Muladar conservaría la misma ubicación que la Puerta de Dung, o de las Basuras, y conduce al Valle de Hinnon, o de Josafat, donde se quemaban los desperdicios. Este valle se asocia a la Gehena, Ge-Hinnon, el lugar del fuego eterno.

La Puerta de la Fuente se abría para llegar a la Piscina de Siloé, hoy dentro del complejo de la Ciudad de David, donde Jesús le devolvió la vista a un ciego.

La Puerta de las Aguas fue reconstruida por los sirvientes del Templo y se abría una sola vez al año, para la fiesta de los Tabernáculos, o *Sucot* (celebración hebrea que se realiza durante siete días, en el mes séptimo, y que recuerda el deambular del pueblo judío por el desierto). Posiblemente daba acceso a un Mikvé muy especial, en el cual los creyentes, o tal vez solamente el Sumo Sacerdote, podían sumergirse para el ritual de purificación antes de la celebración.

Puerta de las Basuras

Frente a la Puerta de los Caballos trabajaron los sacerdotes, cada uno frente a su casa, con el objetivo de restituirla.

La Puerta Oriental corresponde con la Puerta Este, o *Golden Gate*. Era la primera que se abría por la mañana y daba acceso directamente al Templo.

La Puerta del Juicio era el lugar por donde los extranjeros debían entrar a la ciudad para inscribirse en los registros. También era donde las tropas del rey David pasaban revista.

La Puerta de la Cárcel se ubicaba entre la Puerta de las Ovejas y la del Pescado.

La Puerta de Efraín es llamada por Flavio Josefo, Puerta del Jardín. Era frecuentaba sobre todo en la Fiesta de las Cabañas.

La Puerta del Juicio, mejor traducida como Puerta de la Inspección, era donde los guardias que custodiaban cada una de las puertas y atalayas acudían para recibir instrucciones y presentar informes.

Jerusalem. Área del Templo tomada desde el sur, 1930

Haram esh Sharif

«En el principio existía la Palabra y la Palabra estaba con Dios, y la Palabra era Dios. Ella estaba en el principio con Dios. Todo se hizo por ella y sin ella no se hizo nada de cuanto existe. En ella estaba la vida y la vida era la luz de los hombres, y la luz brilla en las tinieblas, y las tinieblas no la vencieron.»

Juan 1, 1-5.

Según la creencia judía, cuando se reconstruya el Tercer Templo aparecerá el Mesías, purificará *Haram esh Sharif* —La Explanada de las Mezquitas— con las cenizas del holocausto de una vaca roja, y expulsará a los musulmanes, destruyendo la Cúpula de la Roca y la mezquita Al-Aqsa.

Se nos ha enseñado que las siguientes siete cosas fueron creadas antes que el mundo: La Torah, el Arrepentimiento, El Jardín del Edén, la Gehena, el Trono de Gloria, el Templo, y el Nombre del Mesías.

Pesachim 54a

Pero lo que el judaísmo pretende ignorar es que el Mesías ya estuvo aquí hace dos mil años. Jesús llegó a Jerusalén al finalizar la construcción del Templo de Herodes, que ocupó el lugar del segundo Templo, el de Zorobabel, y del primero, de Salomón. Echó a los cambistas y explicó lo más granado de la

Torah en el mismo suelo que hoy podemos pisar si caminamos por el empedrado del Monte del Templo.

Elías, a quien todavía esperan, ya vino en la persona de Juan el Bautista. Por eso, los escribas y sacerdotes de la época, cuando Jesús les preguntó si el bautismo de Juan era del cielo o de la tierra, no le quisieron contestar, porque aceptar a Juan significaba tener que reconocer también a Jesús como el Mesías. Además el Nazareno entró por la Puerta Dorada, hoy tapiada a cal y canto, a lomos de un joven asno, como estaba escrito que haría el Mesías.

Negar la naturaleza de Cristo es como querer ocultar la luz del sol. Y, aunque me llegue a sorprender, todavía hay muchos que, aun viéndola claramente, no quieren reconocerla; de ahí que la famosa frase que Jesús tantas veces repetiría: «Quien tenga oídos, que oiga» siga teniendo vigencia dos mil años después.

En una clara alusión al judaísmo del siglo primero, y más concretamente a la casta sacerdotal, los evangelistas incluyeron una alegoría como figura histórica, Judas —el apóstol que traicionó a Jesús por treinta monedas de plata— como representación de que la religión, en aquella época y puede que aún hoy, fue capaz de vender a Dios por dinero; un ídolo hecho por la mano del hombre, como ya sucediera a los pies del Monte Sinaí, frente a la presencia de Dios, cuando Moisés descendió con las Tablas de la Ley.

Otra clara alusión a esto es la maldición de la higuera, representación del pueblo de Israel, en Mateo 21, 18.

Por la mañana, cuando volvía a la ciudad, Jesús sintió hambre. Vio una higuera junto al camino y se acercó a ella, pero no encontró más que hojas. Entonces le dijo a la higuera: «¡Nunca más vuelvas a dar fruto!». Y al instante la higuera se secó.

Excepto para el judaísmo, la figura de Jesús exalta sentimientos de pasión devocional y admiración en casi todas las culturas de la tierra, incluso en las no-teístas, como el budismo, cuyos dirigentes han elogiado durante siglos el mensaje de amor del Nazareno, quedándose prendados especialmente del Sermón de la Montaña, del cual, aseguraba un maestro Zen: es la quintaesencia de las enseñanzas de Buda.

Haram esh Sharif —el Jardín más Noble— es el precioso recuerdo que hoy nos queda de lo que pudieron ser los tres templos hebreos. Y la Cúpula de Dorada, una alusión a las palabras de Josefo, que aseguraba que: «Los peregrinos que se acercaban a Jerusalén podían ver dos soles: uno el del firmamento y otro el que se levantaba sobre el Monte Moriah».

Por encima de sus piedras caminaría Jesús en numerosas ocasiones; aquí relató sus enseñanzas a modo de parábolas, Marcos 12. Y posiblemente en el lugar que ocupa el Domo de la Roca se erigiera el *Sancta Sanctorum* y se guardara el Arca de la Alianza, que había venido a sustituir el Monte Sinaí, trayéndose a Israel la Presencia y Gloria del Dios que antes vivía en la montaña de Midiam.

Obviando el cerramiento de la Puerta Dorada, el complejo está dotado de algunos accesos más, como la ya mencionada Puerta de las Tribus, que da paso a un coqueto jardín de olivos antes de llegar a los tramos de ocho escalones coronados con sendos *Qanatir*, o arcadas, que suben hasta el enlosado. Pero también se puede acceder al Haram por *Chain Gate*, que posiblemente perteneció al segundo Templo y que se encuentra anexa al Muro de las Lamentaciones. O por la Puerta de *Cotton Merchants*, tal vez la más bella, de origen mameluco, que nos lleva directamente a la Cúpula de la Roca.

Pese a que el recinto fue declarado Patrimonio de la Humanidad por la UNESCO, eso no ha impedido que las Autoridades Palestinas hagan oídos sordos a estas resoluciones y no permitan el paso, bajo ningún concepto, a los no musulmanes. (En el año 2001 todo el mundo podía pasar al complejo, que era desalojado exclusivamente antes de las oraciones prescritas por el islam, pudiendo acceder incluso por la Puerta de los Magrebíes, justo encima del Muro Occidental).

Algunos años después de la construcción del Domo de la Roca se comenzaría a levantar, sobre las caballerizas del Rey Salomón —otros dicen que ocupando lo que pudo ser la parte occidental del primer Templo— la Mezquita Al-Aqsa, devastada curiosamente en numerosas ocasiones a causa de extraños movimientos sísmicos.

Con la toma de Jerusalén por los cruzados, el rey Balduino I la convertiría en su palacio.

Hacia el año 1118, el caballero francés Hugo de Payns, tras algunas campañas previas en Jerusalén, decidió abandonar a su familia, sus posesiones y tomar los hábitos para regresar a Tierra Santa, donde se recluyó en una de las dependencias del palacio del rey Balduino I, es decir en la mezquita Al-Aqsa.

Al cabo de algunos meses, Hugo de Pays reunió a ocho caballeros más para fundar la Militia Templi y, con la excusa de proteger a los peregrinos que venían a visitar los Santos Lugares, pidió al nuevo rey, Balduino II, que les concediera instalarse permanentemente en las dependencias ubicadas dentro de lo que fue el Templo. No obstante, los caballeros no salieron de allí en nueve años, e incluso impedían el acceso a quienes pretendían pasar por los alrededores.

Domo de la Roca, cúpula de la Cadena a la izquierda y cúpula del Profeta a la derecha

Según Fulk de Chartres, historiador de la época, no se tiene constancia de que cumplieran el cometido de custodiar los caminos ni otros lugares que no fueran la Cúpula de la Roca y la mezquita Al-Aqsa, a la sazón, edificios religiosos musulmanes. Pero lo que sí se sabe es que, al cabo de ese tiempo, seis de los caballeros regresaron a Francia quizás con algo que habían encontrado excavando en el subsuelo de la explanada…

San Bernardo de Clairvaux, pariente y protector de Hugo de Pays, los recibiría con gran pompa. Al año siguiente, en 1128, gracias a su influencia, en el Concilio de Troyes, se reconoció a los Templarios oficialmente como orden religiosa y a Hugo de Pays como gran Maestre.

La fama de la milicia se extendería por toda la cristiandad y centenares de jóvenes acudieron seducidos por el encanto de portar sobre sus hombros la preciada cruz paté. Poco a poco los *Pobres Caballeros de Cristo* fueron haciéndose cada vez más ricos. En 1139, el papa Inocencio II incluso los liberó de tener que prestar lealtad o someterse a otra autoridad que no fuera la del propio Papa.

Curiosamente, a partir de esa fecha, comenzaron a construirse en Francia numerosas iglesias, catedrales y abadías góticas, algunas de las más importantes alrededor del condado de Champaña, cuyo señor había sido mecenas de Hugo de Pays y ahora formaba parte de las filas del Temple.

Además, la vinculación entre la figura de María de Nazaret, que encarnaba el Arca de la nueva Alianza, la cual contuvo la Ley de Dios, ya no en Tablas, sino en su hijo Jesucristo, y la orden del Temple, llamaría poderosamente la atención. La antigua regla de la cofradía, escrita por Bernardo de Clairvaux, aseguraba que ella estaba al principio y además fue el fundamento de la orden, por la cual se reconstruyó el Templo Celestial, lo que justifica que la mayoría de iglesias góticas tengan advocaciones marianas.

Aunque la vinculación entre las vírgenes negras y la orden del Temple es de sobra conocida, lo que quizás no sea tan popular es que la madera de acacia, con la cual se hizo el Arca, es también de color oscuro, casi negro, tal vez un guiño para indicarnos, a pesar de Ezequiel y Jeremías, que los templarios encontraron el Arca debajo del Templo…

El poder de los caballeros siguió aumentando y, en el año

1163, el Papa volvió a concederles otra gracia, la de no tener que pagar tributos por los botines de guerra. Sin embargo, en el 1307, la orden cayó en desgracia. El enorme poder que había acumulado desató los celos del rey Felipe IV que, conjurado con el papa Clemente V, ordenó arrestar a Jacques de Molay, gran Maestre de la orden, junto a los demás caballeros, y los acusó de simonía, herejía, luciferismo y adoración de un extraño ídolo llamado *Baphomet*.

Aunque la mayoría de los gentileshombres consiguieron huir a España e Inglaterra, Jacques de Molay, el 18 de marzo de 1314, fue quemado vivo en una pira frente a la catedral de Notre Dame, en París.

Nadie sabe lo que aquellos primeros nueve caballeros encontraron debajo del Monte del Templo, si es que encontraron algo, pero lo que sí sabemos es que su cuartel general estuvo sin duda en la mezquita Al-Aqsa, —llamada en el Corán la mezquita más lejana—. No fue hasta que el sultán Salah-ad-Din —Saladino— recuperó la ciudad, que el edificio recobró su carácter religioso original.

Interior de la Mezquita más Lejana

Se cree que en la parte superior izquierda de la misma pudo haberse ubicado el pináculo del Templo, mencionado en los evangelios como escenario de una de las tentaciones de Jesús en el desierto.

Y, por último, al este del Domo de la Roca, podremos encontrarnos con dos edificios: una pequeña pero coqueta bóveda llamada la Cúpula del Profeta, donde el Islam asegura que Mahoma rezó antes de subir al Cielo. Y la Cúpula de la Cadena, donde, según cuenta la tradición, el rey Salomón puso una cadena que utilizaba para resolver las disputas entre varios contendientes, ya que, colgada del techo, evitaba ser atrapada por los hombres injustos, mientras que se dejaba coger dócilmente por los honestos.

Puerta de Jaffa a principios del siglo XX

Monte Sion

«Los discípulos le preguntaron: ¿Dónde quieres que preparemos la Pascua? Y él les dijo: Cuando entréis en la ciudad, os saldrá al paso un hombre llevando un cántaro de agua; seguidle hasta la casa en que entre, y diréis al dueño de la casa: "El Maestro nos envía para preguntarte dónde está la sala para que pueda celebrar la Pascua Entonces él os enseñará en el piso superior una habitación grande, ya dispuesta; haced allí los preparativos".»

Lucas 22, 9-13

Jerusalén se levanta entre cuatro colinas, el Monte del Templo, o *Monte Moriah,* el Monte Sion —aunque antiguamente ambas colinas respondían al mismo nombre—, el Monte de los Olivos y el Monte Scopus.

Justo en el punto más elevado de la Ciudad Vieja, paralela a la Puerta de Jaffa, se halla la *Ciudadela,* también llamada Museo de la Torre de David.

Excavaciones recientes la han datado en la época herodiana, y algunos historiadores afirman que posiblemente éste fuera el lugar donde Pilatos ubicó el Pretorio —lugar donde el procurador ejercía sus labores administrativas y judiciales—. Por tanto, donde se juzgó y condenó a Jesús, Mateo 27, 27; Marcos 15, 16; Juan 18, 28.

Como curiosidad, no deberían perderse el increíble espectáculo de luz y sonido que tiene lugar aquí todas las noches, donde se va repasando poco a poco la historia de Jerusalén.

Aunque durante siglos se ha venido especulando acerca del cargo que Poncio Pilatos pudo ejercer en Judea, una estela encontrada en 1961 en Cesárea Marítima disipó toda duda llamándolo «prefecto», cargo superior al de procurador y gobernador dado que incluye poder dictar penas capitales.

Flavio Josefo afirma que, cuando el prefecto estaba en Jerusalén, solía alojarse en la Ciudad Alta, en un palacio construido por el rey Herodes, lo que coincide completamente con la Ciudadela. En cambio, una tradición de la Edad Media asegura que fue en la Fortaleza Antonia donde se llevó a cabo el juicio de Jesús, al lado Este del Templo, motivo por el cual la tradición posterior terminó de ubicar en este enclave el principio de la Vía Dolorosa.

Si Jesús fue juzgado en la Ciudadela, habría bajado con la cruz por *David Street* para tomar el camino del Gólgota a la izquierda. No obstante, no podemos asegurar que esta teoría sea cierta.

Que los actuales peregrinos estén o no haciendo el recorrido original no debería ser motivo de preocupación, ya que debemos tener en cuenta que ni siquiera sabemos dónde estuvo realmente el Monte Calvario. Además, de ser el término correcto, estaría enterrado a varios metros bajo tierra, dado que la ciudad ha ido creciendo durante los últimos dos mil años.

Torre Fasael, perteneciente a la Ciudadela, vista desde el interior

No es el lugar, sino lo que nos ha hecho venir hasta aquí lo verdaderamente importante. De la misma manera que será lo que aquí encontremos lo que nos hará ser mejores personas, si es que dejamos que el espíritu de Jerusalén nos cambie.

Muro Occidental

EL MURO

Justamente entre el Monte Sion y el Monte Moriah se custodia el lugar más sagrado del judaísmo, el Muro Occidental, o de los Lamentos, que en realidad no es más que una pared de contención que data de la época de Salomón, pero que simboliza la promesa de Yahvé a su pueblo, pues, según se cree, Dios aseguró que, aun a pesar de los años, siempre quedaría en pie al menos una parte del antiguo edificio como recuerdo de su alianza con los hijos de Israel, como así ha sido. Lo que significa que Jesús seguramente lo vio y que tal vez descansó alguna vez apoyado en sus piedras. O incluso puede que muy cerca de aquí salvara a una pobre mujer de ser lapidada por los esbirros de Caifás.

Actualmente no sabemos si realmente el *Santo Sepulcro* es el lugar donde se dio sepultura al cuerpo de Cristo, o si la Vía Dolorosa recorre verdaderamente el antiguo camino hacia el Gólgota, pero lo que sí sabemos es que este Muro siempre estuvo en pie desde la construcción del Templo.

TÚNEL DE LOS ASMONEOS

Pegado al Muro, encima del *Arco de Wilson*, por el que se accede a la sinagoga más sagrada del mundo, justo debajo de la Cúpula de la Roca, podremos hacer un recorrido de 500 metros por la ciudad herodiana caminando por las mismas calles que posiblemente pisara Jesús, a varios metros bajo el pavimento actual.

El túnel ha sido motivo de discordia entre árabes y judíos desde que fuera abierto al público en el año 1996, revuelta en la que murieron al menos sesenta manifestantes palestinos y quince policías israelíes.

Tras la guerra de los Seis Días, el rabino Shlomo Gorem le propuso al general Uzi Narkis volar el Domo de la Roca y la mezquita Al-Aqsa, algo que nunca sucedería. Sin embargo, desde entonces, grupos sionistas de extrema derecha han intentado llevar a cabo su macabro plan, con el que creen que podrán comenzar la construcción de un cuarto Templo —ellos dicen que el tercero— lo que derivará en la llegada del Mesías.

Para ello han hecho fundir una Menorah de oro macizo, igual que la que antiguamente estaba en el Helaj, y que actualmente puede verse en las inmediaciones del Cardo romano, a la espera de que nazca una vaca roja, sin manchas, que será la precursora de todos estos acontecimientos, y con cuyas cenizas se purificará la Explanada de las Mezquitas después de haberlas destruido completamente, así como a todos los que osen interponerse a sus tristes planes.

Siguiendo el curso del túnel, nos daremos de bruces con *la Hilada Maestra*, tres piedras de dimensiones descomunales, de trece, doce y siete metros respectivamente, con seiscientas toneladas de peso, que posiblemente estén tapando el acceso a una sala secreta al otro lado del muro, donde tal vez esté encerrada el Arca de la Alianza, sin que nadie pueda explicar cómo semejantes moles pudieron ser traídas hasta aquí. Es por este motivo que muchas personas bajan al sunsuelo para rezar, porque creen que en este lugar se encuentran más cerca del Arca.

Al final del túnel podremos ver un acueducto que data de los asmoneos, descendientes directos de la dinastía macabea que gobernó Jerusalén tras la revuelta contra Antíoco IV Epífanes, para desembocar finalmente en la Vía Dolorosa.

Muro de los Lamentos y Mezquita Al Aqsa

EL CENÁCULO

En el judaísmo suelen celebrase tradicionalmente tres fiestas mayores llamadas del Peregrinaje, en las cuales solía acudirse al Templo. A saber, *Sucot*, Fiesta de los Tabernáculos o de las Cabañas, que dura siete días y rememora los cuarenta años que el pueblo de Israel estuvo vagando por el desierto.

(Como curiosidad, en la Palestina de Jesús solían sacar agua de la piscina de Siloé para llevarla en cántaros al Templo, donde la derramaban después sobre el Altar. Tal vez por eso podemos leer en los evangelios que: «El último día de la fiesta, el más solemne, Jesús puesto en pie, gritó: Si alguno tiene sed, que venga a mí y beba de mí, porque, como dice la Escritura, de su seno correrán ríos de agua viva». Juan 7, 37-38).

Otra fiesta es *Pesaj*, que también dura siete días y conmemora la liberación de la esclavitud en Egipto, relatada en el libro del Éxodo, en la cual se suele sacrificar un cordero que, en este caso, fue Jesús.

Según las regulaciones bíblicas, el día anterior al 15 de Nisan, en el comienzo del Pesaj, debe apartarse el cordero pascual —Korban Pesaj— el cual no tenía por qué ser necesariamente sacrificado en el recinto del Templo, pero sí en el Monte del Templo.

Si, como creemos, Jesús fue juzgado en la Fortaleza Antonia, justo en la vertiente oriental de Monte Moriah, esta regla se habría cumplido. Pero recordemos también que en la época de Jesús no se hacía distinción entre el Monte del Templo y el Monte Sion, por lo que este hecho pudo haberse dado también en la Ciudadela.

Y, por último, la fiesta de *Shavuot* recuerda el descenso de la Torah en el Monte Sinaí.

Por otra parte, de igual importancia, se celebran también las fiestas bíblicas del Año Nuevo, *Rosh Hashaná,* y el *Yom Kippur,* o Día del Perdón.

Según los evangelios, Jesús se dispuso a celebrar el *Pesaj* un día antes porque sabía que, esa misma noche, cual cordero pascual, iba a ser apartado para llevar al matadero. Por tanto, reunió a sus discípulos en la habitación superior de una casa y allí instauró la primera celebración cristiana, que más tarde se llamó Eucaristía.

Cenáculo, o cenadero, era como se llamaba a las habitaciones superiores de las viviendas del siglo I, las cuales solían arrendarse a personas pobres y peregrinos que bajaban a Jerusalén para celebrar alguna de las tres fiestas, como sucedió con Jesús. En ella también se reunieron los discípulos tras la crucifixión y en Pentecostés.

Se cree que este hecho podría haber sucedido en la segunda planta de un edificio de origen medieval, justo frente a la Puerta de Sion, donde también se encuentra un cenotafio del rey David, pero que es nombrado incluso por el emperador Adriano afirmando que, lo único que no estaba en ruinas en Jerusalén en el año 130, era una pequeña iglesia en el Monte Sion. Sin embargo no sabemos si tal vez se estuviera refiriendo a *San Pedro in Gallicantu.*

LA TUMBA DE DAVID

Con las idas y venidas del pueblo hebreo y las sucesivas revueltas en Jerusalén, es lógico que en algún momento se le perdiera la pista a la tumba de David. Josefo asegura que Herodes el Grande intentó saquearla, pero encontró que se le habían adelantado. Benjamín de Tudela, en el siglo XII, aseguró que se había encontrado de nuevo bajo los cimientos de una iglesia bizantina, pero lo único que sabemos con certeza es que el rey «se durmió» junto a sus padres en la Ciudad de David, 1° Reyes 2, 10.

La tradición posterior ha traído hasta aquí a miles de devotos judíos, que se reúnen sobre todo en la víspera de Shavuot, cuando se cree que murió David, para rezar y estudiar la Torah toda la noche junto a su cenotafio.

CIUDAD DE DAVID

Si salimos por la Puerta de las Basuras y bajamos en dirección al Monte de los Olivos, nos encontraremos a mano derecha con *Ma'alot Ir David Street*, la calle que nos conducirá directamente a la Ciudad de David, antigua capital de los Jebuseos que el caudillo judío tomara por la fuerza unos tres mil años atrás.

Sin duda ésta es la parte más antigua de toda Jerusalén, donde se han encontrado vestigios del siglo XIII a. C., edificios calcinados por el ataque de Nabucodonosor, el palacio del rey David, el túnel Warren, que conduce hasta un pozo que se alimenta de las aguas del manantial Gijón, tal vez por el que David se introdujo para tomar la ciudad, 2° Samuel 5, 8, e incluso la piscina de Siloé, donde Jesús envió a un ciego para que se purificara.

Vio, al pasar, a un hombre ciego de nacimiento, y le preguntaron sus discípulos: Rabbí, ¿quién pecó, él o sus padres, para que haya nacido así? Respondió Jesús: Ni él pecó ni sus padres, sino que es para que se manifiesten en él las obras de Dios. Tenemos que trabajar en las obras del que me ha enviado mientras es de día. Pues, cuando llega la noche, nadie puede trabajar. Mientras estoy en el mundo, soy luz del mundo. Dicho esto, escupió en tierra, hizo barro con la saliva, y untó con él los ojos del ciego y le dijo: Vete, lávate en la piscina de Siloé. Entonces él fue, se lavó y volvió ya viendo.

Juan 9, 1-8

Como vimos anteriormente, esta piscina, además de surtir de agua al Templo, también sirvió de mikvé para las purificaciones rituales de quien deseaba subir al Monte para presentarse al Señor en su Casa. No obstante, fue destruida por la invasión romana del año 70 y la reconstrucción actual se presume mucho más pequeña que el estanque original.

Verdaderamente éste es uno de los lugares históricos por donde Jesús estuvo en su día, caminando más allá o más acá, subiendo desde el Valle de Cedrón o saliendo desde la puerta Muladar, haciendo el mismo recorrido que estamos haciendo nosotros, lo que no debería dejarnos indiferentes.

Actualmente el recinto ha sido habilitado como museo al aire libre donde suelen reunirse, casi exclusivamente, ciudadanos judíos para rememorar la historia de la ciudad, con la ayuda de los guías, y soñar con poder encontrar algún día la verdadera tumba del rey más querido de Israel y de su hijo Salomón.

Piscina de Bethesda

«Y hay en Jerusalén, cerca de la puerta de las ovejas, un estanque, llamado en hebreo Bethesda, el cual tiene cinco pórticos. En estos yacía una multitud de enfermos, ciegos, cojos y paralíticos, que esperaban el movimiento del agua. Porque un ángel descendía de tiempo en tiempo al estanque, y agitaba el agua; y el que primero bajaba al estanque después del movimiento del agua, quedaba sano de cualquier enfermedad que tuviese.»

Juan 5

Aunque, antes de comenzar esta guía, me propuse no incluir demasiados lugares litúrgicos, con la iglesia de Santa Ana debo hacer una excepción dado que guarda en su interior las ruinas de la Piscina de Bethesda.

Erigida sobre una cripta donde se cree que vivieron Joaquín y Ana, los padres de la Virgen, el eremitorio antiguo pasaría por varias manos, entre ellas las de Saladino, que la transformó en madraza, antes de convertirse en el complejo religioso que es hoy, gestionado por las autoridades francesas.

Poco se puede decir de este casi desconocido remanso de paz a orillas del Monte del Templo que guarda bien el secreto de su tranquilidad al abrigo del canto de los pajarillos y del rumor del antiguo estanque de aguas medicinales de cuyas propiedades curativas se hace eco la Biblia.

Beith Hesda, o Casa de la Misericordia, como se la conocería anteriormente, es uno de los lugares históricos por los que realmente Jesús pudo haber pasado.

Hace algunos años se creía que el relato de la sanación de un paralítico en un estanque con cinco pórticos era sencillamente imposible. Sin embargo, unas excavaciones arqueológicas anexas a la iglesia de Santa Ana sacaron a la luz este enclave que concuerda a la perfección con lo descrito en el evangelio de Juan.

Aunque la mikvé no era pentagonal, sí tenía cinco columnas a las que habrían acudido todo tipo de personas aquejadas de cualquier dolencia para sanar sus enfermedades.

Además, la ubicación del aljibe está justificada dada la proximidad del Templo, donde los devotos harían sus inmersiones rituales, sumergiéndose completamente, como ya hemos estudiado en otros capítulos.

Años más tarde, con la reedificación de Adriano, el lugar siguió teniendo fama de milagrero, por lo que se levantaría aquí un templo al dios griego de la medicina y de la sanación, Escolapio. Aunque otros piensan que, ya en la época de Jesús, era un Asclepeion dada su proximidad con la Fortaleza Antonia, donde el ejército romano tendría al menos una guardia. Tal vez por esto Jesús no mandó al paralítico sumergirse en ella, como sucedió en la piscina de Siloé, al otro lado del Monte del Templo, la cual no estaba manchada con las tradiciones romanas.

Piscina Bethesda

El Monte de los Olivos

«Entonces fue Jesús con ellos a una propiedad llamada Getsemaní, y le dijo a sus discípulos: Sentaos aquí mientras yo voy allá a orar.»

Mateo 26, 36

Puede que no haya otro lugar que evoque tanto la figura de Jesús como el Monte de los Olivos, donde el Nazoreo solía retirarse a descansar bajo la luz de la luna tras salir de Jerusalén.

Según el profeta Ezequiel, la Gloria de Yahvé regresaría a Israel por este lugar. Y de hecho así fue, porque la Puerta Dorada, por donde pasó Jesús montado en un pollino, está junto al Valle del Cedrón, también conocido como Valle de Josafat, que separa el Monte del Templo del Monte de los Olivos.

Desde tiempos inmemoriales se ubicó en este lugar una Prensa de Aceite, Getsemaní, localizada hoy junto a la Gruta de Judas, donde Jesús fue traicionado, y la Tumba de la Virgen.

Ignorada casi completamente por los peregrinos católicos, que prefieren visitar la moderna Iglesia de la Dormición y pensar que la madre de Cristo subió a los cielos en cuerpo y alma, este sepulcro está datado del siglo I y una fuerte tradición, incluso islámica, asegura que fue aquí donde los discípulos de Jesús dieron sepultura al cuerpo de su madre.

En el siglo XIX, tomando como veraces a las supuestas visiones de la monja agustina Ana Catalina Emmerick, la última morada de la Virgen se localizó en Éfeso, donde habría huido con el apóstol Juan, lo cual no tiene ninguna credibilidad histórica más allá de las fantasías de aquella mujer y de las de sus seguidores, entre los que se haya Mel Gibson, que se inspiró en ellas para su película *La Pasión de Cristo*.

También en su Viaje Nocturno desde La Mecca a Jerusalén, el Profeta Mahoma aseguró haber visto una columna de luz que se levantaba hasta el cielo justamente donde se encontraba la tumba de la Virgen María, a quien llamó «su hermana», aunque no por eso los persas, en el año 614, la salvaron de la quema.

Años más tarde, Saladino quiso poner un mihrab dentro de la cripta de origen bizantino para que sirviera también de lugar de adoración islámico, aunque hoy sea utilizado exclusivamente por griegos ortodoxos y armenios.

En las escalinatas que bajan hasta la cripta encontraremos también, justo a la derecha, el sepulcro de Joaquín y Ana, aunque en realidad sea la tumba de la reina Melisenda de Jerusalén.

Tumba de la Virgen

A la derecha de la Tumba de la Virgen se encuentra otra pequeña gruta, que pudo haberse utilizado como almazara, en la cual se asegura que Jesús fue traicionado por Judas, pero donde tal vez él y sus discípulos solían protegerse del frío de la noche.

No obstante, uno de los lugares que nos causará más impresión será el Jardín de Olivos milenarios y la Roca de la Agonía que se encuentran en el interior de la iglesia de Todas las Naciones, subiendo un poco la cuesta.

La basílica, como casi todas las de Jerusalén, se alza sobre otra más antigua, cuyos mosaicos han podido conservarse hasta hoy. En su centro, custodiada por un pequeño enrejado, se haya la roca donde suponemos que Jesús sudó sangre, Lucas 22, 44. Y pronunció las palabras: «Padre, si es posible, que pase de mi este cáliz. Pero hágase tu voluntad, no la mía» Lucas 22, 42.

Quizás por la carga emocional que tiene esta historia, la iglesia de Todas las Naciones —nombre que le fue dado porque sería reconstruida con los fondos de varios países— es uno de los lugares más tristes de Jerusalén. Su ambiente invita al recogimiento y a la meditación en los sagrados misterios del Decreto Divino, así como a enjugar los ojos con esas lágrimas que también empaparían el rostro de Jesús hace dos mil años.

Fuera podremos encontrar una serie de hileras con decenas de olivos, algunos con dos mil años, en los que tal vez Cristo y sus apóstoles se apoyaron para descansar, los cuales han tenido que ser protegidos por una pequeña reja para salvarlos de la poda que los peregrinos solían hacerles constantemente.

Unos metros más allá de la iglesia de la Agonía podremos ver la inconfundible silueta de la iglesia rusa consagrada a María Magdalena, con sus cúpulas doradas en forma de cebolla que los oriundos suelen llamar iglesia Moscovita.

María Magdalena tiene el infame estigma de estar vinculada con la mujer prostituta que Jesús salvó de la lapidación en las inmediaciones del Templo de Jerusalén. E incluso también se la confunde con la que ungió sus cabellos en Betania, fama que promovió el papa Gregorio I en su homilía 33 del año 591, echando así por tierra cualquier intento del pueblo de acercarse a ella con veneración, ocupando también el segundo lugar en el *ranking* de figuras menos queridas después de Judas Iscariote, pero antes que Poncio Pilatos.

Tras la muerte de Jesús, la tradición católica le hizo pasar el resto de su vida recluida en una cueva, expiando sus anteriores pecados, por lo que también se le dio el nombre de María la Penitente, confundiéndola claramente con el poema medieval hagiográfico de María Egipcíaca, una prostituta de Alejandría que se arrepintió de su profesión y se exilió al desierto para llevar una vida contemplativa.

Olivo Milenario en el Jardín de la iglesia de Todas las Naciones

Sin embargo, aunque la vinculación de la Magdalena con la prostitución fuera solo un mero accidente, parece que hubiera un motivo oculto para dejar correr el bulo, por lo que deberíamos considerar varias cosas. La primera es que ella estuvo junto a Jesús desde el principio de su vida pública: «Había allí muchas mujeres mirando desde lejos, aquellas que habían seguido a Jesús desde Galilea para servirle. Entre ellas estaban María Magdalena, María la madre de Santiago y de José, y la madre de los hijos de Zebedeo» Mateo 27, 55-56. Pero a

Jesús le presentan a la mujer adúltera en Jerusalén, poco antes de ser juzgado y crucificado, por lo que claramente ella no pudo haberlo acompañado durante su estancia en Galilea. «Maestro, esta mujer ha sido sorprendida en flagrante adulterio. Moisés nos mandó en la Ley apedrear a estas mujeres. ¿Tú qué dices? Esto lo decían para tentarle, para tener de qué acusarle. Pero Jesús, inclinándose, se puso a escribir con el dedo en la tierra. Pero, como ellos insistían en preguntarle, se incorporó y les dijo: Aquel de vosotros que esté sin pecado, que le arroje la primera piedra» Juan 8, 4-7. Algo que el Gregorio I debía ignorar a pesar de ser el Papa.

Por otra parte, también se la confunde con la mujer que derramó un bote de perfume de alabastro sobre los pies de Jesús, Lucas 7, 37. Pero en el capítulo siguiente, el evangelista menciona a María Magdalena por su nombre propio, mientras que el nombre de la mujer anterior le es desconocido. Algo que nos aclarará Juan 11, 2:

Había un cierto enfermo, Lázaro, de Betania, pueblo de María y de su hermana Marta. María era la que ungió al Señor con perfumes y le secó los pies con sus cabellos.

Como ha quedado demostrado, María de Betania y María Magdalena son dos personas totalmente distintas. Pero si todavía quedara alguna duda, Juan nombrará a ambas Marías por sus respectivos nombres, María de Betania, Jn 11, 31, y María Magdalena, Jn 19, 25.

Contrariamente a lo que aseguraron durante siglos los Padres de la Iglesia, María Magdalena no fue prostituta, sino una de las más fieles seguidoras de Jesús. A ella le debemos uno de los amaneceres más bellos que viviría Jerusalén; un domingo por la mañana, cuando se acercó al Santo Sepulcro y lo encontró vacío. Y entonces se llegó a darle la Buena Nueva a los discípulos… Ese día los ojos de María serían los más bellos de todo Israel porque habían presenciado la obra de Dios en la resurrección de su Hijo.

Ella, además de la Virgen y la mujer de Cleofás, fueron las únicas que estuvieron junto a la cruz de Jesús cuando el resto de sus discípulos salieron corriendo o lo habían negado públicamente.

En el Evangelio de María Magdalena, del cual han llegado fragmentos hasta nuestros días datados entre el siglo I y II, vemos cómo Pedro sentía enormes celos de ella y se encolerizaba porque su fe en Jesús era muy superior a la suya. Y, tal vez, como aquel entonces, los posteriores Papas tuvieron miedo de lo que María podía significar...

> Tres eran las que caminaban continuamente con el Señor: su madre, la hermana de ésta, y la Magdalena, a quien se designa como su compañera. María es, en efecto, su hermana, su madre y su compañera.
>
> Evangelio de Felipe 32.

DOMINUS FLEVIT

Algo más arriba de la iglesia de la Agonía se alza la iglesia del Dominus Flevit —*El Señor lloró,* Lucas 19, 41— donde se supone que Jesús predijo los desastres de Jerusalén.

Como todas las anteriores, está erigida sobre una antigua capilla bizantina que ha cobrado especial importancia durante los últimos años gracias a los osarios que se encontraron en las distintas excavaciones realizadas a su alrededor, los cuales tenían grabados los nombres de Marta, María y Lázaro. Sin embargo, esto habría sido un gran hallazgo de no ser porque también se encontró un osario con una inscripción bastante molesta, *Simón bar Jonah*, Simón hijo de Jonás. ¡El apóstol Pedro! Pero, ¿no se supone que la tumba de Pedro está debajo del Vaticano?

> Jesús le dijo: Bienaventurado eres Simón, hijo de Jonás, porque no te ha revelado esto la carne ni la sangre, sino mi Padre que está en los cielos.
>
> Mateo 16, 17.

Clemente, obispo de Roma entre los años 88 y 97 d. C., fue el primero que aseguró que Pedro y Pablo fueron martirizados en la capital del Tíber, —Clemente Romano es nombrado en la Biblia, Filipenses 4, 3, como testigo directo de los primeros años del cristianismo— de cuya noticia se haría eco Tertuliano, Dionisio de Corinto, san Irineo de Lyon, Orígenes y Eusebio de Cesárea. Por lo que el emperador Constantino, nada más subir al poder, le construiría una basílica en su honor, que años más tarde fue absorbida por el gran edificio del Vaticano.

El papa Pío XII, en 1950, se afanó en buscar los restos de san Pedro en Roma, por lo que comenzaron a realizarse una serie de excavaciones en el subsuelo de la Basílica de san Pedro, donde se hallaron una serie de tumbas del siglo I y II. En una de ellas, el Papa aseguró públicamente haber desenterrado los huesos del santo. A pesar de esta afirmación, poco después se demostró que aquellos restos pertenecían a una mujer, así como a varios animales domésticos.

Para mayor desconcierto de la autoridad papal, en el año 1958, el padre franciscano Bellarmino Bagati publicó una obra llamada *Gli Scavi del Dominus Flevit* —Las excavaciones del Dominus Flevit— donde relataba cómo había descubierto los osarios de Pedro, Marta, María, Lázaro bajo esa iglesia, así como otras tumbas pertenecientes a la primera comunidad de cristianos de Jerusalén.

Deseando superar los innumerables problemas que la nunciatura le estaba poniendo, el padre Bagati intentó apoyarse en el biblista Jozef Millik, famoso por haber excavado y estudiado los Rollos del Mar Muerto, quien apoyó sus descubrimientos desde el principio, aunque con matices. A pesar de eso, años más tarde, Margherita Guarducci, una profesora muy afín a la curia romana, encontraría sorprendentemente una inscripción debajo del Muro Rojo de la necrópolis vaticana que decía: *«Pedro está aquí»*, además de algunos símbolos que hacían clara referencia a la tumba del apóstol. Algo que había pasado desapercibido a todos los investigadores anteriores. De esa forma, en 1968, el papa Pablo VI volvió a los medios para asegurar que, esta vez, los huesos del santo habían sido descubiertos justamente debajo de la inscripción anteriormente señalada, y ratificados por «sus expertos»; aunque esas pruebas nunca se dieron a conocer. De esa manera, los osarios de Bagati fueron ignorados y hoy descansan en algún lugar en el interior del recinto de la Iglesia del Dominus Flevit.

Si buscamos pruebas bíblicas de Pedro en Roma, tan sólo podemos encontrar una velada referencia a Babilonia, posible nombre que los judíos/cristianos primitivos dieron a la capital del Tíber en recuerdo de sus días de opresión en la cuenca del Éufrates.

Sabemos que Pedro fue a predicar junto a Juan a Samaria, Hechos 8, 14. Así como a Lida, Jope y Cesárea, Hechos 9, 32-30 y 10. Después regresó a Jerusalén, donde se reuniría con Pablo, Gálatas 1, 18-19. Tras la muerte de Santiago Zebedeo, es apresado y rescatado milagrosamente por un «ángel del Señor», Hechos 12, 3. Desde donde se supone que partió para otro lugar, en cambio lo encontramos de nuevo en Jerusalén en el primer concilio, o cisma, de la Iglesia primitiva.

Pablo, por su parte, antes de ir a Roma, hace referencia a los viajes de Pedro por Antioquía y Éfeso. Pero también sabemos que entre ellos hubo una gran disputa, cuando le acusó de ser un hipócrita por comer con los gentiles cuando estaba entre ellos, para negarlos después cuando se encontraba en compañía de judíos. No obstante, esas rencillas tuvieron que suavizarse, pues, como afirma Clemente Romano, parece que ambos predicaron y sufrieron martirio en Roma bajo mandato del emperador Nerón. Empero, para la mayoría de eruditos, los testimonios de los primeros padres de la Iglesia deben ponerse en duda, como el hecho de que Clemente de Alejandría asegure que Felipe murió de extrema vejez, mientras el Pseudo-Hipólito sostiene que fue martirizado en Gerápolis, donde Papías afirmó haber conocido a las hijas del santo.

Además, san Irineo, Dídimo el Ciego y san Atanasio, confunden a Santiago hijo de Zebedeo, decapitado por Herodes Agripa, con Santiago el Justo, hermano de Jesús, martirizado por Ananías, afirmando que son la misma persona. No obstante, ante tantas dudas y contradicciones, el misterio sigue esperando ser resuelto. ¿Dónde están realmente los restos de Pedro, en Roma; en Jerusalén o en ninguno de los dos lados?

Valle de Josafat

«Porque he aquí que en aquellos días, cuando yo cambie la suerte de Judá y Jerusalén, congregaré a todas las naciones y las haré bajar al Valle de Josafat. Allí entraré en juicio con ellas, acerca de mi pueblo y mi heredad, Israel. Porque lo dispersaron entre las naciones y mi tierra se repartieron.»

Joel 4, 1-2

El Valle del Cedrón, también llamado de Josafat, es uno de los territorios más sagrados de Jerusalén porque, de hecho, en este lugar los judíos esperan que se produzca el Juicio Final y la resurrección de los muertos con la llegada del Mesías.

Actualmente alberga el cementerio hebreo más famoso, y caro, de la historia, ya que la creencia popular asegura que los que estén enterrados aquí serán los primeros en resucitar y contemplar la Gloria de Yahvé en todo su esplendor. En esos tiempos, un puente se levantará de forma milagrosa que comunicará el Valle con el Templo, donde habitará la Presencia de Dios.

Aquí se encuentran la Tumba de Absalón, el hijo rebelde del rey David, que llegó incluso a usurparle el trono a su padre. Hasta hace solo unos años, las familias judías traían aquí a sus hijos más díscolos para mostrarles lo que podía sucederle a quienes se olvidaban de honrar a sus padres, pues Absalón acabó teniendo un macabro final colgado del árbol que se habría alzado precisamente en este lugar. Antiguamente también solían tirarle piedras al monumento, llamado por los árabes «sombrero del faraón», pues es considerado como un enclave maldito por los más ortodoxos. Sin embargo, el edificio data del siglo I, mil años después de la epopeya del rey David.

Junto a él se encuentra la Tumba de Josafat, sexto rey de la Casa de David que reinó en Judea hacia el 873 a. C. Y al otro lado, la Tumba de Zacarías ben Joiada, sacerdote y profeta de Israel que fue asesinado entre el Templo y el Altar, Mateo 23; 35. Aunque el monumento en realidad es un *nefesh*, estela conmemorativa, y pertenece al complejo funerario del siglo II a. C. de la familia sacerdotal *Benei Hezir*, quienes también son nombrados en la Biblia, Crónicas 24, 15.

Esta tumba ha sido identificada erróneamente con la de Santiago el Justo, lapidado y arrojado del pináculo del Templo por Ananías, el cual murió, como su hermano Jesús, pidiendo a Dios que perdonase a sus asesinos. La tradición asegura que en el mismo lugar donde su cuerpo cayó, también fue enterrado.

San Epifanio de Salamina, obispo de Jerusalén, siglos más tarde, confesaría que el mismísimo Santiago se le había aparecido en sueños para revelarle el lugar de su enterramiento, lo que le dio pie a excavar en este lugar, encontrando los supuestos restos de Santiago y Felipe, los cuales trasladó a una iglesia que mandó construir hasta que el papa Pelagio I se los llevara definitivamente a la Basílica de los Doce Apóstoles en Roma.

En el judaísmo primitivo, como sucede también con el islam, se cree que el cuerpo y el alma fueron creados al mismo tiempo; y depende de cómo nos comportemos en esta vida, así seremos condenados o premiados por toda la eternidad. Por tanto, en el momento de la muerte, el espíritu debe bajar al *Sheol*, donde esperará el día del Juicio Final en una especie de sueño para resucitar en cuerpo y alma y ser juzgados o salvados por el Mesías. No obstante, no todas las ramas del judaísmo pensaban así, incluso el mismísimo Jesús se opone a esta tradición con la siguiente parábola:

Aquel día se le acercaron unos saduceos, esos que niegan la resurrección, y le preguntaron: Maestro, Moisés dijo que si alguien muere sin tener hijos, su hermano se casará con la mujer de aquel para dar descendencia a su hermano. Ahora bien, había entre nosotros siete hermanos. El primero se casó y murió. Y, no teniendo descendencia, dejó su mujer a su hermano. Sucedió lo mismo con el segundo, y con el tercero, así hasta los siete. Después de todos murió la mujer. En la resurrección, pues, ¿de cuál de los siete será mujer? Porque todos la tuvieron. Entonces Jesús les respondió: Estáis en un error por no entender las Escrituras ni el poder de Dios. Pues en la resurrección, ni ellos tomarán mujer ni ellas marido, sino que serán como ángeles en el cielo. Y en cuanto a la resurrección de los muertos, ¿no habéis leído aquellas palabras de Dios cuando os dice: Yo soy el Dios de Abraham, el Dios de Isaac y el Dios de Jacob? Dios no es un Dios de muertos, sino de vivos.

Mateo 22, 25-32

Los fariseos, importando sus creencias tal vez del zoroastrismo como influencia de sus años de exilio en Babilonia, mantuvieron la idea del Cielo, el Infierno y la existencia de un espíritu aparte del cuerpo, que es el que será juzgado y conducido a un sitio u otro. Pero también podemos encontrar vestigios de la migración del alma en escritos cristianos del siglo I encontrados en *Nag Hammadi*. Estos rollos, posiblemente pertenecientes al canon copto y de origen gnóstico, fueron enterrados a pocos kilómetros de Luxor para salvarlos de la quema que el emperador Constantino ordenó después del Concilio de Nicea con la intención de destruir todos aquellos axiomas que no se adaptaban al gravamen romano escogido. No obstante, en 1945, unos beduinos, buscando fertilizantes para sus cultivos, descubrieron por casualidad una jarra en cuyo interior encontraron papiros con evangelios desconocidos que, contrariamente a los sinópticos, exponían sobre todo sentencias de Jesús.

Los gnósticos fueron un grupo cristiano herético, posiblemente descendientes de los cultos mistéricos griegos asentados en Damasco, que aseguraban que el hombre no necesitaba de la autoridad eclesiástica para alcanzar la divinidad, pues ésta se hallaba en su ser interior.

Muchos de sus ensayos defienden la transmigración del alma, sobre todo la *Epístola a Regino* o *Tratado de la Resurrección*. Este escrito, redactado a modo de carta de un amo a su sirviente, explica que el *hombre interior* es anterior al cuerpo y será separado de éste en la muerte.

También sabemos que los antiguos gnósticos dieron al alma nombre de mujer, dada su naturaleza virginal, por estar al principio al lado de Dios, del cual se extravió para caer en este mundo y cohabitar con muchos bandidos, que se la fueron pasando de unos a otros. No obstante, ella siempre volvía a Dios —clara alusión a la reencarnación—. Hasta que, rejuvenecida por la aspiración divina, será ascendida loando al Padre y al Hermano, por quien fue rescatada, ¿*La Iluminación*?

Pero incluso en los evangelios canónicos podemos ver cómo los contemporáneos de Jesús no saben realmente quién es él y piensan que puede encarnar alguno de los antiguos profetas.

> Llegado Jesús a la región de Cesárea de Filipo, hizo esta pregunta a sus discípulos: ¿Quién dicen que es el Hijo del hombre? Entonces ellos dijeron: Unos, que Juan el Bautista. Otros, que Elías. Otros, que Jeremías o alguno de los profetas.
>
> Mateo 16, 13

Monumento a Zacarías y Tumba de la familia Benei Hezir

También sabemos que los judíos siguen esperando la llegada de un profeta que allane los caminos del Señor, Malaquías 3. Cuyo nombre es Elías, Malaquías 4, 5-6. Jesús, en más de una ocasión, había dicho que Elías ya había venido, pero que el mundo no lo había conocido. Se refería a Juan el Bautista.

> ¿Qué salisteis a ver en el desierto? ¿Una caña agitada por el viento? ¿Qué salisteis a ver, si no? ¿Un hombre elegantemente vestido? ¡No! Los que visten con elegancia están en los palacios de los reyes. Entonces ¿a qué salisteis? ¿A ver un profeta? ¡Sí, os digo, y más que un profeta! Éste es de quien está escrito: He aquí que yo envío mi mensajero delante de ti, que preparará por delante tu camino. En verdad os digo que no ha surgido entre los nacidos de mujer uno mayor que Juan el Bautista; sin embargo, el más pequeño en el Reino de los Cielos es mayor que él. Desde los días de Juan el Bautista hasta ahora, el Reino de los Cielos sufre violencia, y los violentos lo arrebatan. Pues todos los profetas, lo mismo que la Ley, hasta Juan profetizaron. Y, si queréis admitirlo, él es Elías, el que iba a venir. El que tenga oídos, que oiga.
>
> Mateo 11, 8-14

Uno de los profetas más grandes del Antiguo Testamento fue Elías, el cual restauró el culto a Yahvé en Israel, abolido por su mísero monarca, el rey Ajab, en favor del culto a Baal. Elías entonces se presentó ante el rey y le retó a hacer dos altares para ofrecer en sacrificio un ternero. El Dios verdadero sería, por tanto, quien manifestase su Gloria consumiendo el holocausto sin mediación humana. El culto ganador, como premio, se instauraría en todo el reino, relegando necesariamente al olvido y destierro a los perdedores.

Una vez colocados los terneros en ambos altares, los sacerdotes de Baal vociferaban a su deidad para que consumiera el sacrificio, mientras Elías los animaba a gritar más alto y se burlaba de ellos diciendo que quizás su dios no podía escucharlos. Después de un rato esperando, le tocó el turno a él, quien, al levantar las manos, vio cómo una lengua de fuego bajó del cielo y consumió por completo el sacrificio. Como castigo, los sacerdotes paganos fueron decapitados por sus propias manos.

Sin embargo, contrariamente a la Ley del Talión, el Dios de Jesús deseaba misericordia, no sacrificios, Mateo 9, 13. Por lo que el asesinato de aquellos sacerdotes no sería del agrado de Dios.

La antigua ley de causa y efecto, llamada Karma en la India, asegura que, lo que nosotros hacemos, el Universo nos lo enviará de vuelta. De esa forma, como Elías decapitó a los sacerdotes de Baal, también él sería decapitado cuando habitó de nuevo en el cuerpo de Juan el Bautista, como así sucedió.

Empero la idea de la reencarnación, a pesar de las pruebas anteriormente expuestas, no es aceptada por la inmensa mayoría de iglesias cristianas, que aseguran que Elías, Juan el Bautista, resucitó literalmente, olvidando entonces el embarazo milagroso de Isabel, la esposa de Zacarías y pariente de la Virgen María, Lucas 1, 5 y ss.

La Vía Dolorosa

«Tomaron, pues, a Jesús, y él, cargando con su cruz, salió hacia el lugar llamado Calvario, que en hebreo se llama Gólgota, y allí le crucificaron y con él a otros dos, uno a cada lado, y Jesús en medio. Pilatos redactó también una inscripción y la puso sobre la cruz que decía: Jesús el Nazareno, el Rey de los judíos.»

Juan 18, 16-19

La Vía Dolorosa, o Vía Crucis, es el camino que tradicionalmente siguió Jesús desde que fue juzgado y cargado con la cruz, hasta el Gólgota.

Aunque el itinerario ha ido cambiando con los siglos, eso no es óbice para que miles de peregrinos lleguen hasta Jerusalén cada año con la esperanza de recorrer el sendero de la pasión, deseando asimismo acercarse lo más posible a la figura de un Jesús que les ha enamorado.

Aunque algunos pseudo-eruditos se han atrevido incluso a negar la existencia del Nazareno, casi todos los historiadores están de acuerdo en que la muerte de Jesús es un hecho incuestionable, como atestigua incluso el propio Talmud, por lo que el drama debió comenzar en el pretorio, lugar que actualmente, a pesar de la Ciudadela, se cree que estuvo en la Fortaleza Antonia, justo al lado del Templo, en el lado noreste.

Entrando por la Puerta de los Leones, algunos metros más allá de la iglesia de Santa Ana, nos encontraremos con la Primera Estación, Juan 19, en el monasterio de la Flagelación, que alberga dos capillas, la de la *Flagelación* y la del *Juicio de Pilatos*. Se cree que este complejo formó parte de la fortaleza herodiana, donde el prefecto tuvo su residencia, pues, aseguró Flavio Josefo, era semejante a un palacio.

De la casa de Caifás llevaron a Jesús al pretorio. Era de madrugada. Ellos no entraron en el pretorio para no contaminarse y poder así comer la Pascua.

Juan 18, 28

Monasterio de la Flagelación. Primera Estación del Vía Crucis

La Segunda Estación, Juan 19, 17, corresponde con a la basílica de Ecce Homo, perteneciente al convento de las hermanas de Sion, donde un arco cruza la calle, en el cual sostiene la tradición que Pilatos entregó a Jesús a los sacerdotes pronunciando las palabras: «*He aquí al hombre*» Juan 19, 5. No obstante, el arco fue construido por los romanos entre los años 70 d. C. y el 135 d. C. como monumento triunfal, o incluso como rampa de conexión entre la Fortaleza Antonia y la Explanada del Templo.

En el interior del convento, a principios del siglo XX, se encontró un empedrado, el *Lithostrotos,* o *Gábata,* que techaba la *Piscina del Struthion,* donde se supuso que Jesús fue juzgado, Juan 19, 13. Asimismo, se hallaron grabados en las baldosas de piedra que corresponden a un pasatiempo de la milicia romana, llamado *Juego del Rey,* aunque investigaciones posteriores han datado el lugar en la época de Adriano, donde se ubicó un foro que tapaba dicho estanque.

Arco de Ecce Homo. Segunda Estación

Aunque no pertenezca en sí a ninguna de las catorce estaciones oficiales, entre la segunda y tercera parada podremos tropezarnos con la capilla ortodoxa donde los miembros de la congregación griega creen que Jesús estuvo preso antes de poder entrevistarse con Pilatos.

La pequeña iglesia no tiene desperdicio por su ambiente de recogimiento y serenidad. Tras la entrada principal, un pequeño oratorio adornado con numerosos iconos da la bienvenida al visitante, antes de bajar un par de pisos para llegar al húmedo y lóbrego lugar donde se supone que Jesús estuvo recluido.

También, a un lado de los iconos, no deberían dejar de subir por las estrechas escaleras de piedra que les conducirán a un pequeño hipogeo en la planta superior cargado de belleza y misticismo.

Al final de la calle tendremos que torcer a la izquierda para encontrar las dos próximas estaciones, una junto a la otra: «Jesús cae por Primera Vez», Tercera Estación, donde se levanta una pequeña capilla armenia. Y «Jesús se encuentra cara a cara con su Madre», Cuarta Estación.

Ninguna de las dos aparece en los textos bíblicos, ya que son adiciones de la tradición popular.

Jesús Cae por Primera Vez. Tercera Estación

Jesús se encuentra con su madre. Cuarta Estación

La Quinta Estación rememora que Jesús fue ayudado por Simón de Cirene a cargar con la cruz. Años más tarde suponemos que el Cirineo se convirtió al cristianismo, ya que Marcos parece conocer bien a su familia, añadiendo a la historia que era padre de Alejandro y Rufo, Mc 15, 21, quienes posiblemente fueron los primeros evangelizadores de África, donde se encontraba la ciudad de Cirene.

El minúsculo oratorio pertenece a la congregación franciscana y es la primera capilla que asciende al Calvario. Justo en su flanco derecho hay una roca en la pared donde se supone que Jesús metió la mano para apoyarse.

Quinta Estación, Simón de Cirene carga con la Cruz de Jesús

Lugar donde se supone que Jesús se apoyó

Siguiendo nuestro ascenso por la calle, sorteando los puestecillos de regalos y recuerdos, tendremos que prestar mucha atención para no pasarnos de largo la Sexta Estación, donde Verónica secó el rostro del Señor, y cuya tumba se puede visitar dentro de la iglesia que pertenece a la congregación griega ortodoxa.

A partir del siglo V se produjo un curioso cambio en la concepción de la figura de Jesús, anteriormente representado como un joven barbilampiño semejante al dios Apolo, tal que se puede observar en la imagen de una patena encontrada en el yacimiento arqueológico de *Cástulo*, —Linares— pero que posteriormente pasará a tener barba y pelo largo.

Fue también en este siglo, gracias tal vez al evangelio de Nicodemo, el cual se hace eco de ella, que comenzó a popularizarse la leyenda de la Verónica; mujer que, según cuenta la tradición cristiana, secó el rostro de Jesús con un paño en su camino a la cruz, pero cuya historia no aparece en las Escrituras. —*Verónica, en latín, significa Verdadero Icono*—. Sin embargo, justo en esa época, lo que sí aparece en escena es un pañolón viejo, doblado en cuatro partes, en el cual se podía ver un rostro impreso, al que se le dio el nombre de *Mandylion*. Lo que hoy conocemos como la Sábana Santa de Turín, que la emperatriz Eudoxia envió en el 438, junto a otras reliquias, a Bizancio. Más tarde podemos ubicarlo de forma coherente en la basílica de San Pedro en Roma durante el papado de Juan VII, hacia el año 700, quien le consagraría una capilla. En el año 1011 se sabe de un guardián del sudario, y, algo más tarde, alrededor del 1199, aparece nombrado dos veces en los manuscritos de Geraldo de Barri y Gervasio de Tilbury. En algún momento posterior a esa fecha, el sudario cayó en manos del rey Balduino II de Courtenay, pasando posteriormente a ser propiedad de Godofredo I de Charny, para acabar finalmente en manos de la casa de Saboya alrededor del 1453, donde cuarenta y nueve años más tarde se lo sitúa en una capilla en Chambery, antigua capital de su Ducado. Ya en 1578, el príncipe Filiberto lo trasladó a Turín, y a partir del año 1694 es custodiado en la espléndida catedral de San Juan Bautista.

En el siglo XX, algunos expertos pudieron analizar el lienzo utilizando técnicas modernas, como el doctor Max Frei, director del Laboratorio Científico de la Policía Suiza, profesor en la Universidad de Zúrich y experto palinólogo. Frei, con una cinta adhesiva, extrajo el polvo adherido en las esquinas inferiores de la tela, el cual, bajo el microscopio, mostró no menos de seis tipos de pólenes pertenecientes a varios tipos de plantas palestinas, turcas y mediterráneas de la época de Jesús.

Posteriormente, científicos norteamericanos e italianos, entre ellos el doctor Eric Jumper, de la Academia de las Fuerzas Aéreas de Colorado Springs, formaron lo que a posteriori se llamaría STURP (*Shroud of Turín Research Project*). Sometieron la tela también a minuciosas investigaciones, como la del *VP-8*, un analizador de imágenes que se utilizó con las fotografías recibidas de Marte, el cual reveló que la imagen del lienzo era tridimensional.

Sin embargo, en el año 1988, el análisis del Carbono 14 les dio una alegría a sus detractores, datándola entre el año 1260 y 1390 d. C. Empero los laboratorios que realizaron estas pruebas, sibilinamente, no explicaron que, cualquier objeto que se somete a datación, para que los resultados resulten fiables, debe haber estado protegido de las injerencias del tiempo. Como sabemos, la Sábana Santa estuvo expuesta durante dos mil años, en los que fue manoseada y besada por numerosas personas con el correr de los siglos, por lo que cualquier científico honrado no habría tenido en cuenta, y quizás ni siquiera hubiera aceptado someter la reliquia a dicha prueba, que sin embargo no puede explicar cómo el pañolón aparece ya en registros vaticanos e iconos anteriores a la Edad Media.

Sexta Estación, Verónica seca el Rostro de Cristo

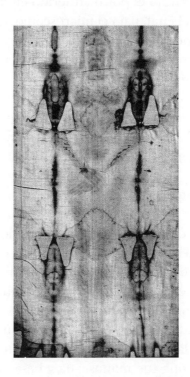

Sábana Santa de Turín

La Séptima Estación rememora la segunda caída de Jesús. Se encuentra junto a la esquina de una de las calles más populares del zoco musulmán, desde donde nos encaminaremos directamente hasta el Santo Sepulcro.

Algo más adelante, en la Octava Estación, Jesús se topa con las mujeres de Jerusalén.

Jesús, volviéndose a ellas, dijo: Hijas de Jerusalén, no lloréis por mí; llorad más bien por vosotras y por vuestros hijos. Porque llegarán días en que se dirá: ¡Dichosas las estériles, las entrañas que no engendraron y los pechos que no criaron! Entonces se pondrán a decir a los montes: ¡Caed sobre nosotros! Y a las colinas: ¡Cubridnos! Porque con el leño verde hacen esto, con el seco ¿qué harán?

Lucas 23, 28-31

Séptima Estación, Jesús cae por segunda vez
Octava Estación, Jesús se encuentra con las mujeres

La Novena Estación está situada en la entrada de un monasterio Copto que se abre en una sala en el techo del Santo Sepulcro. Rememora la tercera caída de Jesús.

Novena Estación, Jesús cae por tercera vez

Las siguientes estaciones están dentro del Santo Sepulcro, al cual podremos acceder bajando por el monasterio etíope.

En la Décima Estación, Jesús es despojado de sus ropas, Mateo 27, 33. Este suceso ocurrió, según la tradición, en lo alto del Monte de la Calavera, al cual podremos subir por las escaleras que se abren a la derecha de la entrada principal.

En la Undécima Estación, Lucas 23, 33, Jesús es clavado en la cruz, lugar que está señalado por un medallón de plata en el suelo, por el cual se puede meter la mano para tocar la roca original. De esa manera se cumplían los vaticinios: «Han taladrado mis manos y mis pies, puedo contar todos mis huesos» Salmos 22, 17-18.

Junto a él son ajusticiados dos ladrones, para que también se cumplan las palabras del profeta Isaías; «Entre los rebeldes fue contado» Is 53, 12.

En la Duodécima Estación, Jesús muere en la cruz, Lucas 23, 44-46. Al expirar, hubo un eclipse que sumió a Jerusalén en la oscuridad, rasgándose el velo del Templo.

Como hemos visto, el Templo de Herodes tiene una cortina

que separa el *Helaj* del *Dvir*, o lo que es lo mismo, el Santo, del Santo de los Santos, donde la Presencia de Dios estaba reservada exclusivamente a los sacerdotes. Con todo y con eso, con la muerte de Jesús, pasarán dos cosas aparentemente contradictorias: Jerusalén es sumida por la oscuridad, pero, por otra parte, la Luz de Dios rasga las cortinas y sale del Templo para vivir ahora en otro sitio.

A través de la historia del pueblo de Israel, vemos que la Gloria de Yahvé ha ido mudándose de Casa. Del Monte Sinaí al Arca de la Alianza, del Arca al Templo, pero ahora, con la muerte de Cristo, ha pasado del Templo a los corazones de los seres humanos.

Por otra parte, además de la intervención divina en el oscurecimiento del cielo de Jerusalén, relatos extrabíblicos mencionan un ennegrecimiento del cielo seguido de un terremoto en el año 18 durante el reinado del emperador Tiberio, según Flegón y Eusebio de Cesárea, que correspondería con la fecha de la muerte y resurrección de Cristo.

La Estación Decimotercera se encuentra entre el lugar de la cruz y donde Jesús fue despojado de sus ropas, en un altar llamado *Stabas Mater*. Aquí se cuenta que el Nazareno fue bajado de la cruz y puesto en los brazos de su madre.

Estaciones Décima a Décimo tercera

La última estación del Vía Crucis es el nicho del Santo Sepulcro, la capilla donde se supone que Jesús fue enterrado a toda prisa por José de Arimatea en un huerto de su propiedad, Lucas 23, 50.

El santuario actual data de principios del siglo XIX, el cual reemplazó al de 1555, que a su vez había reemplazado al del siglo IV que fue destruido por el excéntrico sultán Al Hakim en 1009, motivo principal por el cual el papa Urbano II llamaría a las cruzadas.

Tras algunas horas de espera en la rotonda exterior para poder acceder al santuario, nos encontraremos primeramente con una antesala llamada la Capilla del Ángel, donde se supone que se ubicó la roca que fue retirada por intervención divina para que Jesús saliera de la tumba, y donde un pequeño pilar rememora el sitio exacto en que se habría encontrado.

Una vez dentro, el diminuto enclave alberga una losa donde creemos que fue puesto el cuerpo de Cristo.

Una de las Capillas Anexas en la rotonda del Santo Sepulcro

El Santo Sepulcro

«El primer día de la semana, muy de mañana, fueron al sepulcro llevando los aromas que habían preparado. Pero encontraron que la piedra había sido retirada de la sepultura, y entraron, pero no hallaron el cuerpo de Jesús.»
Lucas 24, 1-3

A instancias del obispo Macario, Elena Augusta arribó hasta Tierra Santa con la intención de localizar y restaurar los lugares de culto cristianos de Jerusalén y sus alrededores.

En el año 70 d. C. la ciudad había sido destruida hasta sus cimientos por el hijo del emperador Vespasiano, Tito, haciendo huir a los cristianos hasta Perea, donde pudieron ponerse a salvo. Poco después, en el 135 d. C., el emperador Adriano reconstruyó la capital, llamándola Aelia Capitolina, exiliando a los judíos que aún quedaban en ella y convirtiéndola en una metrópoli exclusivamente greco romana. Durante ese tiempo construyó un enorme santuario a Afrodita en la colina noroeste de la explanada del Templo, mientras que en el *Sancta Sanctorum* levantó una estatua a Zeus Olímpico.

Doscientos años después, con la llegada de Elena, el santuario de Afrodita será totalmente demolido por orden expresa de su hijo, el cual, tal vez basándose en las cartas de Macario, creyó a pies juntillas que el Santo Sepulcro se encontraría en aquel lugar. No obstante, y a pesar de que se ha demostrado que en la época de Jesús el terreno se encontraba extramuros de la ciudad, realmente parece poco probable que santa Elena localizara la verdadera tumba de Jesús, no así el lugar de la crucifixión.

Aunque Roma solía edificar sus templos y oratorios en las ruinas de los lugares de culto ya existentes de los países conquistados, resulta inverosímil que en el año 135 d. C. se hubiera erigido un monumento cristiano en el lugar de la tumba de Jesús que Adriano quisiera usurpar.

Recordemos que, hasta ese momento, el cristianismo era tan solo una rama del judaísmo, como demuestra el hecho de que Santiago, hermano del Señor, rezase en las sinagogas judías sin ningún problema.

No será hasta la llegada de Pablo a Antioquía y Roma que el cristianismo, alejado ya de su religión materna, tomará un cuerpo distinto y los nuevos seguidores del Jesús paulista, demasiado paganos para los judíos de la época, fueran expulsados de las sinagogas y tuvieran que buscar dónde reunirse en las catacumbas de las ciudades que los alojan.

No tenemos constancia en las epístolas ni en los evangelios de que los miembros de la Iglesia de Jerusalén tengan especial interés en cambiar el Templo y los lugares litúrgicos hebreos por otros distintos. Incluso, como ya hemos visto, Santiago guarda con celo los preceptos del Nazireato, que posiblemente Jesús también tomara durante la mayor parte de su vida.

Dada la diversidad de creencias que se estaban anexionando al mensaje del Galileo, alrededor del 50 d. C. se reunirá el Concilio de Jerusalén, donde finalmente ambas partes decidirán que, para dar mayor amplitud al mensaje de Jesús, los nuevos miembros paganos deberán regirse al menos por las *Leyes Noájidas*, también llamadas *Preceptos de las Naciones*, las cuales incluyen la adoración de un único Dios, la prohibición de la idolatría, no robar, no matar, no cometer adulterio, no blasfemar, no comer animales vivos y crear cortes de justicia.

Por este desencuentro entre los judeocristianos, pertenecientes a la Iglesia Original, y el nuevo movimiento de la Iglesia de Antioquía, Hechos 15, surgirá por parte de estos últimos el deseo de tener sus propios lugares sagrados. No obstante, tras la desaparición de la Iglesia de Jerusalén entre la toma de la ciudad por Tito y la revuelta de *Simón bar Kojba,* la Iglesia de Antioquía se verá libre para seguir sus propias reglas.

Alejados de Sion, los nuevos cristianos irán creciendo amparados por los numerosos evangelios que van apareciendo, así como por las variadas interpretaciones que los sacerdotes locales daban a estos textos. De esa manera surgieron numerosos cristianismos dentro del nuevo cristianismo, los cuales serán perseguidos hasta que Constantino decretó la libertad religiosa, juntó a los diferentes grupos en el Concilio de Nicea, y unificó criterios.

Deseando eclipsar los lugares de culto paganos, sobre todo el Soma —la Tumba de Alejandro Magno en Alejandría— resultaba imperante encontrar el Sepulcro de Jesús, al cual, sin embargo, sus antiguos seguidores no le habrían dado la menor importancia, ya que era en el Templo de Jerusalén donde residía la Presencia del Señor, Marcos 11, 15-18.

Así, utilizando las antiguas costumbres romanas de reconstruir edificios religiosos en lugares ya consagrados a tal efecto, el antiguo santuario de Afrodita se convirtió en el nuevo Soma de Jerusalén. Antes de lo cual, santa Elena hizo excavar en el subsuelo del edificio, donde supuestamente encontró tres cruces: las dos de los ladrones y la de Jesús, que pudo identificar porque recostó sobre ella a un leproso, el cual se levantó totalmente sano. Recordemos que su hijo Constantino había soñado anteriormente con el símbolo de la cruz, el cual hizo grabar en los escudos del ejército y por el que pensó que consiguió la victoria en la batalla de Puente Milvio.

Como cabría esperar, el Santo Sepulcro acabó por ser el lugar de peregrinación más famoso de toda la cristiandad, que, en su ímpetu evangelizador, acabó destruyendo la Tumba de Alejandro para que ningún otro le hiciera sombra.

El edificio actual, remodelado en más de una ocasión, está custodiado por diversas confesiones: católicos, armenios, coptos, sirios y griegos ortodoxos… las cuales tuvieron que ceder las llaves de la puerta a un guardia musulmán cuando se estableció el *Status Quo* para concluir así con las disputas internas.

Además del Monte de la Calavera y del nicho del Santo Sepulcro, en el interior del edificio también se encuentra la

Piedra de Unción, donde se supone que el cuerpo de Jesús fue lavado, envuelto en la Sábana Santa y ungido con perfumes antes de llevar a la tumba, Marcos 15, 46. Pero que sin embargo fue puesta aquí en el año 1810.

Un piso más abajo podremos ver la capilla donde se dice que santa Elena encontró las tres cruces. A partir de ese momento, la Vera Cruz quedó expuesta públicamente; pero como los peregrinos que se acercaban a besarla, intentaban también coger alguna astilla, tuvo que ser recubierta de oro y plata hasta que el rey Persa Cosroes II tomó Jerusalén y se la llevó a su palacio, donde la puso a los pies de su trono como símbolo de desprecio hacia la religión cristiana. Años más tarde, el emperador Heraclio recuperaría la cruz y la llevaría de nuevo a Jerusalén. Pero, como vestido con sus grandes galas, la cruz no quiso moverse del sitio, tuvo que desnudarse, imitando así la pobreza y austeridad de Cristo, y solo entonces pudo procesionarla hasta el Santo Sepulcro, donde permaneció hasta que, en alguna de las cruzadas, se le perderá la pista.

Al lado del ascenso al Gólgota se encuentra la Capilla de Adán, donde se supone que el primer hombre fue enterrado, justo bajo la cruz de Jesús. Y, salpicadas en la rotonda central, entre otras, podremos admirar la Capilla de los Coptos, la de los Sirios, la de María Magdalena etc.

Monasterio Etíope

Yahvé me dijo entonces: Labra dos tablas de piedra como las primeras y sube donde Mí a la montaña; hazte también un arca de madera. Yo escribiré en las tablas las palabras que había en las primeras que rompiste, y tú las depositarás en el arca. Hice un arca de madera de acacia, labré dos tablas de piedra como las primeras y subí a la montaña con las dos tablas en la mano. Él escribió en las tablas lo mismo que había escrito antes, las diez Palabras que Yahvé había dicho en el monte, de en medio del fuego, el día de la Asamblea, y Yahvé me las entregó.

Deuteronomio 10

No cabe la menor duda de que el Monasterio Etíope, con acceso por el tejado del Santo Sepulcro, junto a la IX Estación o también por la entrada principal de la iglesia de la Anástasis, es uno de los lugares más encantados y encantadores de la Ciudad Vieja, guardando con celo el misticismo y la humildad de los verdaderos templos de recogimiento, donde el alma se ve obligada a callar para dar un paso interior, hacia el auténtico ser. Entre sus sencillos muros y estrechos pasadizos, sin saber cómo, se dan cabida todos los sueños de una comunidad que aspira a ser la guardiana del Arca de la Alianza, también conocida como la Señora de Sion.

Etiopía es el único lugar del planeta donde se conserva viva la tradición del Arca, la cual se esconde en una pequeña capilla anexa a la iglesia que lleva su nombre en *Axum*.

El *Kebra Nagast*, o *la Gloria de los Reyes*, es el libro donde quedó registrada la historia de amor entre la reina Makeda y Salomón, así como el nacimiento en Abisinia del hijo de ambos, Bayna Lehkem, también conocido como Menelik I.

Interior del Monasterio Etíope donde se puede ver cómo
una cortina separa el Santo de los Santos del Helaj

Cuenta la tradición que, a los veintidós años, el muchacho deseó conocer a su padre y puso rumbo a Israel, donde toda la gente que lo veía, lo confundía con el rey, incluso estando Salomón presente. Tras algún tiempo, Menelik, a pesar de las objeciones de Salomón, decidió regresar a Etiopía para reinar allí, por lo que su padre le haría acompañar de lo más granado de los hijos de los sacerdotes, los cuales se encargarían de educar al pueblo abisinio en la Ley del Dios de Israel y abolir el culto al sol. No obstante, antes de marcharse, el hijo del Sumo Sacerdote Sadoq, llamado Azarías, alentado por un ángel del Señor, cambió el Arca por unos trozos de madera y la sacó por un pasadizo secreto del Templo, ocultándola entre los enseres de los carros.

Cuando la comisión se despidió, cruzó la frontera de Egipto sin ningún problema hasta acampar en el Nilo, donde los jóvenes levitas confesaron a Menelik lo sucedido. Resignado, el príncipe levantó el campamento y partieron de nuevo a

Etiopía llevando consigo el insigne tesoro. Pero, en ese mismo momento, Salomón descubrió el engaño y se dispuso a marchar contra ellos. No obstante, Sadoq le recordó que, cuando el Arca fue robada por los filisteos, se volvió contra sus captores con toda serie de plagas y desastres, hasta que finalmente tuvo que ser devuelta a Israel. Por tanto, si no era Voluntad de Dios que el Arca permaneciera en Etiopía, sus raptores no tardarían en devolvérsela... Algo que aún no ha pasado.

Tras esto, como también podemos leer en la Biblia, Salomón se dejó engañar por sus numerosas mujeres y fue detrás de ídolos extraños, rompiendo así su alianza con Yahvé. Mientras, en Saba, una floreciente y nueva raza judía, los falashas, seguían dando culto al único Dios en tanto su reino prosperaba alrededor de la Señora de Sion.

Con todo y con eso, esta teoría fue puesta en duda el siglo pasado por el investigador Graham Hancock, quien sugirió la posibilidad de que el Arca llegara a Etiopía algunos años más tarde, con la subida al trono del infame rey Manasés. Así, para ponerla a salvo, los sacerdotes la habrían llevado lejos de Judea, pero también lejos de Egipto.

Entrada al Monasterio por el Tejado del Santo Sepulcro

Tiempo después, deseando legitimar el linaje de los reyes etíopes y el origen del Arca, algunos copistas reunirían numerosas tradiciones orales y leyendas en lo que finalmente se llamó el *Kebra Nagast*, de clara influencia cristiana y demasiado moderno como para concederle la suficiente credibilidad.

Podemos encontrar pruebas del paso del Arca por el Nilo en la isla Elefantina, donde se presume el levantamiento de un antiguo altar hebreo a semejanza del Tabernáculo original, que después trasladarían al lago Tana, concretamente a la isla Tana Kirkos, donde el Arca permaneció hasta que el rey Ezana la reasentó en su ubicación actual, llevando el reino al cristianismo.

Como curiosidad, en esta isla, como en Elefantina, todavía se conserva el recuerdo de la ubicación del Arca en una piedra caliza que antecede a una pequeña capilla donde se realizaron los sacrificios rituales.

Cuando el rey Ezana se llevó a la Señora de Sion a Axum, dejó aquí los objetos de origen hebreo que ya no servían para la liturgia cristiana, como una bandeja donde se recogía la sangre del sacrificio, un *efod* —chaleco sacerdotal con las doce piedras sagradas— y un *shofar* —cuerno de carnero que llama a la oración.

La Tumba del Jardín

«Y mientras ellos le insultaban y decían mentiras contra él, Jesús callaba…»

Mateo 26, 63

Un domingo de marzo o abril de hace algo menos de dos mil años, el mundo se llenó de color cuando María Magdalena, en un amanecer tan increíble que la historia nunca podrá olvidar, llevó a los apóstoles la noticia de que el Sepulcro estaba vacío… Entonces los pájaros de Jerusalén cantaron tan fuerte que incluso las trompetas romanas tuvieron que callar. Y hay quien dice que el velo del Templo se rasgó y que la gente que estaba sentada en el Patio de los Gentiles pudo ver el lugar más íntimo donde Dios habitaba, e incluso que pudieron hablar con Él sin mediación de los sacerdotes.

Desde aquel momento una frase viene repitiéndose por quienes siguen y esperan al Nazareno, creyendo a pies juntillas el mensaje de María, que dice así: *Maranatha*, el Señor viene…

Y todo eso pudo suceder en la Tumba del Jardín; una pobre y pequeña parcela de huerto alejada unos metros de la Puerta de Damasco, en un Santo Sepulcro que puede ser tan real o tan falso como el que se encuentra intramuros, pero que, por su ambiente de recogimiento, es infinitamente más inspirador que la gran atracción turística en que se ha convertido el descubierto por santa Elena.

A pesar de la imagen que tenemos, inculcada a través de películas y pinturas, de una cruz colocada encima de un monte, los evangelios no dicen nada de eso, sino tan solo que a Jesús se le crucificó cerca de un lugar llamado Calvario, o Monte de la Calavera, pero no encima. Mateo, 27, 33.

Si las cruces hubieran estado en lo alto de un monte, la gente que pasaba cerca no habría podido leer los carteles clavados sobre ellas que señalaban los delitos del ajusticiado, ni habrían podido escupir o insultar a los condenados, como vemos en Marcos 15, 29. Además, sabemos que Roma estaba muy interesada en que el pueblo conociera las torturas que se infringían a los que atentaban contra su hegemonía, como cuando llenó la Vía Apia de las cruces de los esclavos que siguieron la revuelta de Espartaco.

Así, en 1883, se divulgó una nueva ubicación para el sepulcro de Cristo, cuando el general Charles Gordon, del Imperio británico, fue destinado a Jerusalén para hacer un estudio topográfico de los alrededores y se encontró con algo increíble: un monte próximo a la Ciudad Antigua en cuya ladera podía verse claramente la imagen de una calavera.

Con el corazón en un puño, el general Gordon investigó entorno a este lugar, donde actualmente se encuentra una estación de autobuses, descubriendo en la ladera Este una serie de tumbas de origen judío excavadas en la roca, de las cuales al menos una respondía fielmente con la del enterramiento de Jesús descrito en la Biblia.

Huerto exterior de la Tumba del Jardín

Evidencias históricas avalan la existencia de una cisterna en este terreno que habría regado un jardín. Y, aunque se haya datado en la Edad Media, también se han encontrado vestigios de una prensa de vino de origen romano que solamente habría podido pertenecer a una persona rica de Jerusalén... como José de Arimatea.

Aunque Charles Gordon perdió la vida en la Batalla de Jartum, en 1885, algunos estudiantes afines a su descubrimiento pusieron un anuncio en el *Times* para poder adquirir este enclave, que en 1894 pudo abrirse al público.

Actualmente la Tumba del Jardín es un bálsamo de quietud y de paz excavada en la pared de roca, donde puede verse un hipogeo que te invita a entrar en su oscuridad, en el cual es fácil imaginarse los dos lienzos que sirvieron de mortaja al cuerpo del Hijo del Hombre tirados sobre la piedra, donde los dos ángeles se sentaron, uno a la cabeza y otro a los pies, mientras María Magdalena y la Virgen buscaban afanosamente el cadáver sin vida de quien había resucitado.

También pudo ser aquí adonde vinieron Pedro y Juan para ver si realmente la tumba estaba vacía. Y, aunque nosotros no sabemos si éste es el auténtico Santo Sepulcro, sí sabemos que a escasos doscientos metros hay una colina que nos recuerda a una calavera, en cuya cima se alza un cementerio musulmán de la época de las cruzadas, tan sagrado que solamente pueden enterrarse en él los mártires del islam, y que posiblemente data del siglo primero, en el cual tal vez se encuentren las fosas comunes de la época de Cristo donde fueron sepultados los crucificados.

Mirando en el interior de la gruta, el espíritu que esté dispuesto a escuchar el mensaje de María Magdalena, puede descubrir que su alma es como esa paloma que algunos han venido llamando el Espíritu Santo, la cual intentará salirse del pecho para coronar al Hijo de Dios que todavía camina por esta tierra, a la vista de todos, pero ignorado por todos, porque su cuerpo ahora es el del mendigo que pasa desapercibido entre las calles de cualquier ciudad del mundo, el del huérfano que nadie mira, el del enfermo que nadie ayuda, y el de la viuda que viste de luto porque quien ha muerto no ha sido su marido, sino la compasión y la humanidad...

Pero otros, como yo, preferimos salir a buscar a Jesús en cualquier cuerpo y en cualquier lugar para que, mirándole a los ojos, le descubramos partiendo el pan, caminando rumbo a Emaús, o esperándonos en la orilla del Mar de Galilea, porque no nos hemos olvidado de aquel Domingo, de aquel amanecer, y del mensaje de aquella mujer que nos dijo: *Maranatha, el Señor viene* .

Figura de una Calavera en la ladera Este junto a la Tumba del Jardín

Rollos de Qumran
y Mar Muerto

«Entonces Yahveh hizo llover sobre Sodoma y Gomorra
azufre y fuego de parte de Yahveh. Y arrasó aquellas ciu-
dades, y toda la redonda con todos los habitantes de las
ciudades y la vegetación del suelo.»

Génesis 19, 24-**25**

Ya en la época de Salomón, el Mar Muerto era un lugar de descanso y sanación de enfermedades de la piel, sobre todo el oasis de Ein Guedi, algunos kilómetros más abajo de las famosas cuevas donde se encontraron los Manuscritos del Mar Muerto.

En este lugar desértico confluyen dos arroyos de agua potable, el de David y el arroyo de Arugot, los cuales han hecho posible el desarrollo de la agricultura en estos parajes que procuran esquivar la punzante crecida anual del desierto del Neguev.

Dado que no tiene desembocadura, las aguas del río Jordán, descendiendo desde el Mar de Galilea, bajan hasta aquí para esperar que el sol vaya evaporándolas poco a poco, dejando únicamente la sal, la cual acentúa mucho más la densidad del líquido elemento evitando así que cualquier masa pueda hundirse.

Aquí llegaron los esenios para asentarse alrededor de Qumran, esperando la inminente llegada del Mesías y el Juicio Final.

En el año 1947, dos pastores beduinos que buscaban una de sus ovejas, tiraron una piedra dentro de una de las cuevas de los alrededores, descubriendo en su interior una serie de vasijas con algunos rollos de pergamino que trocearon y vendieron por partes al archimandrita del monasterio sirio de San Marcos, así como al profesor Eleazar Sukenik, quien acabó por comprarlos todos, interrogando a los dos pastores acerca de su procedencia. Posteriormente, el profesor Eleazar informó del hallazgo a las autoridades israelíes, quienes procederían a excavar en el lugar, donde acabaron por encontrar no menos de doscientos documentos datados entre los años 250 a. C. y 68 d. C. que revelaban las normas internas de la comunidad esenia, sus esperanzas y su organización. Asimismo, se hallaron comentarios de la Torah, libros apócrifos hebreos y salmos de oraciones litúrgicas.

Las semejanzas entre la doctrina esenia y el cristianismo posterior tienden sin duda un puente entre Juan el Bautista, Jesús de Nazaret y esta comunidad, conocidos también con el nombre de «los puros» dada su predilección por vestir ropas blancas y su estricta doctrina de la purificación. Recordemos que los ángeles que aparecieron dentro del Santo Sepulcro iban vestidos con ropas blanquísimas, Juan 20, 12. ¿Quiere esto decir que los esenios sacaron el cuerpo de Jesús de su sepultura?

Entre todos los evangelios, resulta además curioso que este hecho sea mencionado solamente por Juan, cuyo mensaje y trascendencia es muy semejante a la de los manuscritos del Mar Muerto, contrariamente al resto de los sinópticos.

En este sentido, sabemos que Jesús celebró la Pascua antes de lo habitual, algo que coincide completamente con el calendario esenio, cuyas disposiciones podemos consultar en el Rollo del Templo y que datan de los orígenes del Antiguo Testamento, contrariamente a lo que hacían los sacerdotes de Jerusalén. No olvidemos que Juan el Bautista renegó de su sacerdocio para venirse aquí, al desierto, donde seguramente perteneció durante algún tiempo a esta comunidad.

Otra similitud aparece en el enfrentamiento entre los Hijos de la Luz y los Hijos de la Oscuridad, Lucas 16, 8, cuya oposición se menciona también en el Rollo de la Guerra; de la misma manera que el sacerdocio por la orden de Melquisedec, Hebreos 7, está desarrollado en el Rollo de Melquisedec.

No obstante, aunque durante años se haya intentado vincular de forma directa la figura de Jesús de Nazaret con el llamado *Maestro de Justicia* que aparece en las crónicas esenias, la datación de los rollos, doscientos años antes de Cristo, hace imposible dicha relación, lo que no significa que podamos obviar todos los puntos coincidentes, así como que los esenios pudieran haber reconocido también a Jesús como el Mesías.

Epílogo

«Y aconteció un día, estando Elí en su aposento, cuando la lámpara de Dios aún no se había apagado y Samuel estaba acostado en el Templo del Señor donde estaba el Arca, el Señor llamó a Samuel y él respondió: ¡Heme aquí!»

1º de Samuel 3

Recuerdo que la primera vez que visité Jerusalén, allá por el año 2003, me deleitaba caminando por la ciudad vieja. Pensar que Jesús había paseado por allí hacía que mi corazón intentase captar hasta el último suspiro que hubiera quedado atrapado en los vientos del tiempo, tal vez escondido en los pliegues de alguna roca o incluso oculto entre las ramas de los olivos de la almazara del Getsemaní. Puede que algún pequeño rincón de la Vía Dolorosa guardase todavía la memoria de la última oración de Jesús; y tal vez, sólo tal vez, la vista del recinto del Templo, bañado por la luz de las estrellas, no sea tan distinta a la de vieron sus ojos hace dos mil años.

Como ya hemos dicho, de aquel lugar solamente queda el Muro que llamamos Occidental, o de los Lamentos, que en realidad es una pared de contención que data de la época de Salomón y que simboliza la promesa de fidelidad de Yahvé a su pueblo. Y fue precisamente allí, en aquel lugar tan especial, después de taparme la cabeza con una Kippa y de lavarme siete veces con el agua para las abluciones que corre por las distintas fuentes que se reparten en la antesala de acceso al Muro, que quise poner mis manos sobre la piedra, cerré los ojos y derramé mi alma a ese buen Dios a quien, tal vez osadamente, me atrevo a llamar Padre.

Así, tras unos instantes de íntima conversación con el Dueño de mi vida, decidí alejarme para seguir mi recorrido por el Valle del Cedrón. Sin embargo, por alguna extraña razón, tuve que volverme y correr de nuevo al lugar que había dejado vacío en el Muro. Se me había olvidado una cosa muy importante. ¡Se me había olvidado darle las gracias a Dios! Un Dios que, según le dijo a Salomón, había puesto sus ojos, sus oídos y su corazón aquí. Y precisamente en aquel instante, cuando me di la vuela y volví a Él, pude sentir que realmente Dios me había escuchado, y supe a ciencia cierta que aquella promesa que, según la Biblia, le hizo a Salomón, era real. ¡Dios estaba aquí!

Con el corazón compungido, volví a cerrar mis ojos y me refugié en la presencia de quien, anteriormente, solamente había percibido como una ausencia. Y desde aquel día, debo confesar, que jamás me ha abandonado. Incluso cuando por mi necia terquedad yo he soltado su mano, Él nunca ha soltado la mía. Y desde aquel día, maravillosa ha sido mi vida porque Dios ha estado conmigo. Y, tal como hice aquel día en Jerusalén, hoy sigo agradeciéndole por cada flor, por cada aliento y por cada bendición que derrama sobre mí, aunque ya no esté en Israel, porque también he descubierto que el Muro de Jerusalén, incluso el Domo de la Roca, es un lugar dentro de mi alma, donde Dios tiene puesta su mirada constantemente.

Al cabo de un rato, cuando llegué a mi habitación en la quinta planta del legendario hotel King David, me pregunté quién sería aquel Dios cuya presencia acababa de sentir. ¿Sería el Dios de Abraham, el de Jacob, el de Moisés, el de Jesús, el de Muhammad...? Y con esta incertidumbre, decidí buscar la respuesta en el único lugar donde quizás podría encontrarla, en el Arca de la Alianza, es decir, en la Palabra de Dios. Por tanto, como los antiguos levitas, lavé mi cuerpo, cambié mis ropas y entré en el Santo de los Santos. Y allí, a la altura de Samuel 17, 46, pude leer lo siguiente: *Que toda la tierra sepa que solo hay un Dios en Israel.*

Según la gematría, la palabra Dios, en hebreo, tiene valor trece… pero lo más sorprendente es que hay otra palabra que también tiene el mismo valor numérico: ¡Amor! Por tanto, el lenguaje oculto de la Biblia puede revelarnos quién es el verdadero Señor de Israel, y además que solo hay un Dios, cuyo nombre es Amor… aunque sus habitantes se hayan olvidado completamente de Él.

Este pueblo me honra sólo de palabra, pero sus corazones están muy lejos de mí.

Mateo 15, 8

Bibliografía

- *Los Hijos Secretos del Grial.* M. Hopkins, G. Simans y T. Wallae-Murphy, Ediciones Martínez Roca, 2001.
- *The holy blood and the holy Grail.* Michael Baigent, Richard Leigh y Henri Lincoln. Jonathan Cape ,1982.
- *Los Misterios de Jesús.* Timothy Freke y Peter Gandy. Editorial Grijalbo, 2000.
- *Sagrada Biblia de Jerusalén.*
- *El Talmud.*
- *Antigüedades Judías.* Flavio Josefo.
- *Guerras Judías.* Flavio Josefo.
- *Sagrado Corán.*
- *En el País de Jesús.* Juan María Lumbreras. Ediciones Mensajero, 1990.
- *Jesús o el Secreto Mortal de los Templarios.* Robert Ambelain. Martínez Roca, 1997.
- *Jesús. Aproximación histórica.* José Antonio Pagola. Editorial PPC, 2013.
- *Cristianismos Olvidados.* Antonio Piñero. Editorial Edaf, 2007.
- *Símbolo y Señal.* Graham Hancock. Planeta, 1993.
- *Kebra Nagast.*
- *50 Cuentos Universales para Sanar tu Vida.* Manuel Fernández Muñoz. Ediciones Cydonia, 2015.

- *99 Cuentos y Enseñanzas Sufíes*. Manuel Fernández Muñoz. Editorial Almuzara, 2016.
- *La Sábana Santa. ¿Milagrosa Falsificación?* Julio Marvizón. Editorial Giralda, 2000.
- *Del Tabernáculo al Templo*. Adolfo D. Roitman. Editorial Verbo Divino, 2016.

Hace mucho tiempo, un hombre salió de su casa con un anhelo espiritual. En pos de esta empresa, recorrió todo el mundo, bebió en todos los ríos, surcó todos los mares y rezó en todos los templos. Solo al final de su vida, subió a Jerusalén y allí alcanzó un estado de cercanía a Dios que las palabras no pueden describir. Más tarde, cuando regresó a su aldea, alguien le preguntó:

—¿Para qué has recorrido todo el mundo, bebido de todos los ríos, surcado todos los mares y rezado en todos los templos? ¿Para qué has subido a Jerusalén si allí arriba no hay nada?

A lo que el hombre contestó:

—En todos los lugares donde he estado me he encontrado con una parte de mí, por tanto, tuve que salir de casa para poder reencontrarme y juntar mis mitades... ¿Cómo puedes decir que en Jerusalén no había nada si estaba parte de mi alma?

La Taberna del Derviche